KB153323

하루
하루——
감정 정화
연습

하루
하루——
감정 정화
연습

혼탁한 감정을
흘려보내고

내면의
진정한 자유를
얻는 법

김안숙
지음

마음시선

정화되는 마음이란 내 안의 평온이 드러나는 흐름입니다. '감정 정화'라는 말이 아직은 낯설다 해도 걱정할 필요는 없습니다. 책을 읽어나가다보면 감정에 관한 내용은 이해로 다가가는 것이 아님을 알게 될 것이기 때문입니다.

과거의 저는, 나는 잘 살고 있는데 왜 예고도 없이 고통을 만나는 건지, 그럴 때 난 어떤 마음을 가져야 하는지, 회복은 될 수 있는지, 이 삶을 어떻게 살아내야 하는지, 두렵고 초조한 기분이었습니다. 그런데 실은 이 모든 게 착각이었습니다. 애초에 제대로 산다는 것도 착각이었고, 고통이 예고 없이 찾아왔다는 것도 착각이었지요. 그리고 그 속에서 고민하며 닿았던 해결책들도 허상이었습니다. 단지 착각의 연쇄 속에서 맴돌고 있었다는 것만이 사실이었습니다.

게다가 살면서 지녀왔던 모든 희망과 이상이 내 삶의 소명이라
는 생각도 결국 세상에 대한 나의 집착이었음을 보게 되었죠. 무
력감과 수치심에 말을 삼키고, 착각을 깨는 혼돈 속에서 머리끝
까지 침잠되어 지내던 어느 날, 갑자기 가슴이 홀가분해졌습니
다. 그리고 그 빈 가슴에서 낯설고 마법 같은 변화가 일었습니다.

'나는 이대로도 충분하구나. 내가 그동안 집착했던 건 아무것도
아니었구나.'

그렇게 두려움의 자리에 더없는 평온과 무한한 위안이 스몄지요.

이때가 정화되던 첫 시점이라고 기억합니다. 저는 이 낯선 기
분을 확인받고 싶고 유지하고 싶어서 '마음'에 더욱 깊이 관심을
가지게 되었습니다. 이제는 편안하게, 온전한 존재로서 살아보고
싶었습니다. 그렇게 공부를 계속하던 중 '정화'라는 말이 내 상태
를 가장 잘 표현하는 것 같아서 삶의 수련 주제로 삼게 되었습니
다. 저에게 감정 정화란, 고된 여행을 마치고 다시 편안한 고향으
로 돌아온 듯한 느낌입니다. 태초의 순수했던 곳으로 다시 돌아
와 굳건히 뿌리를 내리는, 영혼의 귀환과 같습니다.

치유와 정화는 동시적인 것이지만 이 책에서는 군이 구분하여 표현했습니다. 정화는 불안을 다스리는 내면아이 돌보기, 무의식의 의식화 작업과 함께 치유의 의미도 포함합니다. 저에게 정화는 치유를 해도 남아 있던 마지막 공허함을 채워준 명쾌함이었습니다. 그도 그럴 것이, 지금 돌이켜보니 '정화'는 치유를 넘어 감정이 존재하는 이유와 삶의 목적을 알게 해주는, 좀 더 근원적인 흐름이었습니다.

시간이 지나면서, 저의 경험이 한 개인의 신비로운 체험이 아니라는 것도 점점 알게 되었습니다. 감 잡으셨겠지만 이미 세계 영성가들이 세상에 전하고자 하는 메시지와도 통하는 내용이었습니다. 더불어 저를 비롯해 많은 사람이 감정으로 인해 고통과 평온 사이에서 방황하고 있음을 실감했습니다. 이후로 이러한 '감정'의 신비와 감정 너머에 있는 고요함 속에, 진정한 생명과 평화가 있다는 것을 더욱 단단히 느끼게 되었죠. 이것이 감정 정화에 대해 글을 쓰게 하는 용기를 주었습니다.

이 책은 우리가 살아가는 동안 일상에서 감정 정화를 갈망하길 바라며 썼습니다. 우리가 살면서 꼭 '해야만 하는 것'이 있다면 치유보다 '정화'일 것입니다. 치유는 이미 정화 안에 있기 때문입니다. 이로 인해 각자 개인의 생활이 원활하게 흘러가고, 결국에는 세상에 평화를 가져올 수 있으리라는 염원도 담고 있습니다.

1장은 감정에 다가가는 마음과 감정의 본모습을, 2장은 감정 정화의 관점을 담았습니다. 3장은 감정 정화의 흐름에 대한 내용입니다. 본문에서도 거듭 말하겠지만 정화 흐름의 단계에 매일 필요는 없습니다. 4장과 5장은 감정 정화로 인해 새롭게 느껴지는 나와의 관계와 타인과의 관계입니다. 마지막으로 6장에서는 일상에서 감정 정화를 할 때 생길 수 있는 의문을 Q&A 형식으로 풀어보았습니다.

감정을 정화하려는 의지도 좋지만, 그보다는 감정을 알아가고자 하는 진심이 있었으면 좋겠습니다. 그것만으로도 여러분의 마음이 한결 가벼워지실 겁니다. 행동의 변화가 출발선에 서서 시작된다면, 감정의 변화는 풀밭에 누워서 시작됩니다. 있는 그대로 느껴야 하기 때문이죠.

이 책이 출간되기까지 신뢰와 애정으로 함께해준 마음시선 출판사와 나의 가족, 친구들에게 감사를 전합니다.

마지막으로, 또 다른 나인 당신에게 이 책의 내용이 진정으로 가닿기를 바라며, 우리 모두가 지금 여기에서 사랑과 평온을 느낄 수 있게 되기를 소망합니다.

2023년 여름

김안숙

6장

감정 정화 수련과 일상

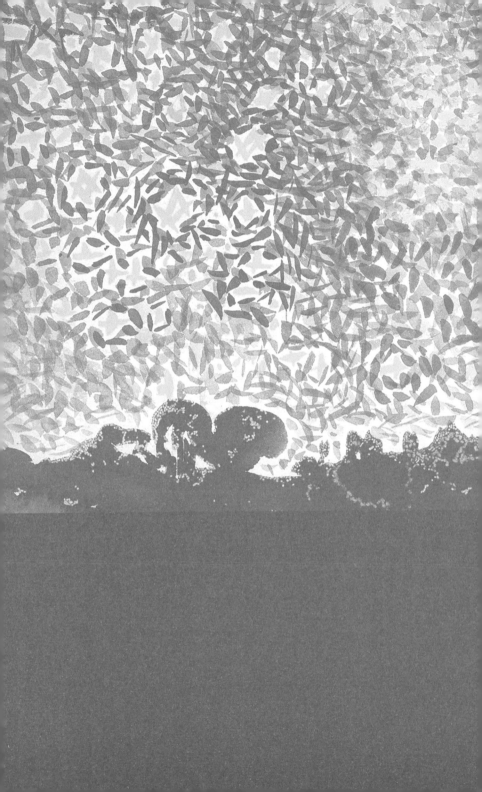

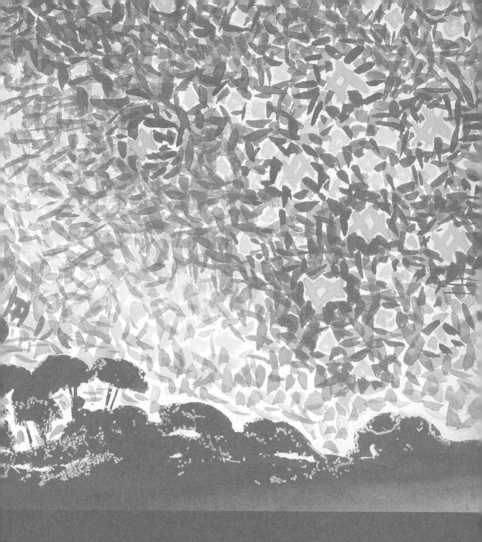

1장

감정의 본모습

나는 나의 감정에 어떻게 다가가고 있을까요?

감정의 본모습은 어떤 모습일까요?

**감정에
다가가는
마음**

이 책을 펼친 분들이라면, 일상에서 평온한 마음을 원하는 분들이겠지요. 지금 누군가에게 심한 원망의 마음이 드는 분들도 있을 테고, 퉁명스럽고 짜증 가득한 주변 사람들의 태도에서 막막함을 느끼는 분들도 있을 겁니다. 이런 동요된 감정의 깊은 곳에는, 결국 고요하고 평안하게 지내고 싶다는 바람이 있을 테고요.

내 마음만 알아달라는 것도 아니고, 상대를 어떤 틀로 가두고 싶은 것도 아닙니다. 서로를 이해하면서, 당신과 나는 '지금 여기서 괜찮다'고 공감하며 지내고 싶은 거죠. 가까운 사이에서 일어난 갈등일수록 더욱 사랑하고 싶다는 무의식의 발현이고, 삶이 얼마나 아름다운지를 함께 보고 싶다는 의미일 겁니다. 소중한 사람들과 같은 곳을 볼 수 있는 것이야말로 정말 기쁜 일이니까요. 그러니, 당신은 아름다운 삶을 살고 싶기에 동요하는 감정을 만나게 되는 것입니다. 물론, 저도 그렇습니다.

이 책을 읽으며 우리는, 감정에 다가가는 연습을 하게 됩니다. 시작하기 전에 세 가지 팁을 드릴게요.

먼저, 책을 읽다가 동요되는 감정이 있다면 잠시 옆에 놓아두어 보세요. 만약에 '걱정'이라는 외부의 감정이 들어온다면 "걱정아, 이 책을 읽는 동안에는 여기에 누워서 걱정하지 말고 자고 있으렴." 하고 '걱정' 감정에게 나의 '자아 침대'를 내어주고 이불을 덮어주며 다정히 말해주는 겁니다. 그리고 나는 다시 책으로 돌아와서 안전한 마음으로 읽어나가는 거죠. 어린아이를 잠자리에 재워둘 때만큼 엄마로서 마음이 편안하고 안전할 때가 없었던 기억이 나서 권해봅니다. 여러분도 안전한 느낌으로, 외부의 감정이 아닌 오롯이 나의 마음을 위한 시간을 가져보면 좋겠습니다.

다음으로, 감정을 마주하는 데 최소한의 의지는 필요합니다. 정신분석학자 프로이트의 '무의식을 의식화하는 방법'에서 빌려오자면, 일상에서 젖은 빨래를 태양 빛에 널어서 소독을 시키는 것처럼, 감정을 들여다볼 때 우리가 최소한으로 노력을 해야 하는 의지의 부분이 분명히 있다는 겁니다.

감정 정화에 따른 사랑과 감사, 평온, 용서 등의 고양된 감정을 신의 은총으로만 여기거나, 자신의 감정을 제대로 들여다볼 용기가 부족하여 회피하거나 방치할 때도 있을 겁니다. 그러나 이는 모두 감정에 다가가는 진정한 태도가 아닙니다. 또 우리가 감정과 마음에 대해 이성적인 사고로 이해하려 노력해도 이 또한 진정으로 평온에 다가가는 태도는 아닙니다.

마지막으로, 감정이 흘러가는 그대로 바라보길 권합니다. 평온으로 흐르는 마음에는 외적인 어떤 것이 필요치 않습니다. 저는 지적 즐거움의 차원에서 감정을 정화하는 흐름을 4단계로 나누었지만, 감지가 깊어진다면 굳이 나누어 설명하지 않아도 되는 내용들입니다. 시작한다면 분명히 언젠가는 평온함에 닿을 수 있지요. 그러나 처음에는 어떻게 시작하는지조차 모를 수 있습니다. 그렇기에, 저는 지금 감정을 바라보기 위해 최소한의 의지를 가져보자고 손을 내미는 중입니다.

성자들이 각 교리에서 깨달음으로 전해주는 주요한 메시지는 바로 '아무것도 없음'입니다. 평온은 아무것도 없음이라는 의식의 느낌을 인간의 입장에서 표현한 것이고, 정화의 본질이기도 합니다. 감정 정화의 마지막에는 그 감정이라는 '어떤 것'들이 실은 '아무것도 아니었음'을 제대로 보게 되실 겁니다.

여러분과 제가 어떤 괴로움을 끌어안고 있든 실은 이 괴로움이 별것 아니라는 것입니다. 저는 이 '아무것도 아님'을 알아가는 여정을 사랑이라고 받아들이고 싶습니다. 왜냐하면 이 여정에서는 실제로 선善을 선택하게 되고 선이 발휘되기에 그렇습니다. 이렇게 사랑으로 흐르는 마음이 때때로 폄하되는 점에 대해서는 안타까운 생각이 올라옵니다만, 이 생각 또한 저의 '자아 침대'에 안전히 잠재우고 적어보겠습니다.

자아를 넘어, 존재로서 살기 위해

나의 감정을 제대로 알고 싶다는 것은 '존재로서 살고 싶다'는 갈망의 신호입니다. 감정과 존재감은 대립적으로 공존하고, 감정이 정화되는 흐름을 느끼는 만큼 존재성의 느낌이 전적으로 활성화됩니다. 존재로서 산다는 것은, 다시 말하면 내 안에서 감지되는 '가슴의 느낌대로 선善을 선택하며 사는 것'입니다. 나의 감정과 생각이 가로막지만 않는다면 우리는 언제나 가슴의 안내에 따라 이로운 곳으로 안내될 것입니다.

존재로서 산다는 것에 대해 좀 더 설명해보겠습니다. 우리는 모두 자신의 '세상'을 살고 있습니다. 여기서 '세상'은 '나의 삶'이라고 받아들이셔도 좋습니다. '내가 있다'와 '내가 없다'를 말하는 세상의 기준은 우선은 '몸(육체)'이 되겠지요. 더불어 '내가 없으면'이라는 말은, 몸과 함께 우리의 '삶이 없다'는 의미이며, 삶을 만드는 '감정, 생각, 욕구(정신), 마음, 자아도 없다'라는 의미를 포함하고 있습니다. 즉 감정, 생각, 욕구, 마음, 자아는 나의 몸과 함께 움직입니다. '내가 있을 때'에만 존재하지요. 정리하자면 몸이 없으면 내가 느끼는 현실도 없다는 겁니다. 즉, 몸이 있으면 내세상도 있고, 몸이 없으면 내 세상도 없다는 의미죠.

다시 말해 감정과 생각은 마음이고, 마음은 자아이며, 자아는 현실을 만드는 한 줄기의 연결고리입니다. 이것들은 모두 이 세상에 존재하는 같은 뿌리라고 보셔도 무방합니다. 그러나 진정한 나의 존재의 근원은 자아가 아니라 '선善, 사랑'입니다. '영'이라고 불리기도 합니다. 저는 이 책에서 '진정한 나', '영적인 나'를 소울 soul이라고 부르려고 합니다. 존재로서 산다는 의미는 자아를 초월해 '소울'로서 살아간다는 뜻입니다.

지금 쉽게 이해가 되지 않더라도 괜찮습니다. 우선은, 우리의 감정이 흔들린다 해도 그런 내가 충분한 존재라는 것을 받아들일 수만 있다면 됩니다. 깊은 진심이 한 곳에라도 닿으면 나머지 내용은 꿰뚫어질 겁니다.

그럼, 잠시 멈춰 생각해봅시다. 그동안 나는 어떤 방식으로 살아왔을까요.

내 안의 선한 소리를 들어보았는지 떠올려봅시다. 가정환경으로 어려움이 있었을 때, 진로를 정할 때, 이성 친구와 교제할 때, 결혼할 때, 자녀를 출산하고 양육할 때, 직장생활 안에서의 관계, 사회적 관계, 가정에서의 관계 등에서 내 안의 소리를 들어보았는지 가늠해봅니다.

현실은 우리가 선함을 선택하며 살기엔 위험하게 느껴지는 경우가 많습니다. 그래서 현실에서의 유익함을 선택하며 합리화하거나 어쩔 수 없다는 회피로 살아왔을지도 모릅니다. 타인의 인정과 존중이 없인 살 수 없을 거라는 신념 아래서 선善을 뒤로하게 된 거죠. 그 위험에도 불구하고 지금껏 살아온 우리 자신에게, 다시 떠올려봐도 그럴 수밖에 없었던 그때의 나의 마음에게, 애썼다는 위로를 시작으로 감정을 만나고 싶습니다. 그리고 이제, 과거의 날들처럼 후회하고 싶지 않다는 생각이 든다면, 지금 여기에서 새롭게 감정을 마주해봅시다. 외부의 현실이 떠오르면 내면의 느낌을 오롯이 느끼기가 어려우니까요. 외부의 현실적인 것들을 자아 침대에 잠시 잠재우고 지금 글을 읽는 대로 감정을 느껴보길 바랍니다. 처음 만나는 기분으로 말입니다.

우리가 존재로서 사는 여정에서, 알아두어야 할 것들이 있습니다.

첫째, 최소한 이 책을 읽는 지금 우리는 모두 안전하다는 것을 알아차립시다. 안전함을 알아차리는 가장 쉬운 방법으로 '호흡하기'가 있습니다. 숨을 깊이 들이마시면서 숨이 지나가는 코 속과 가슴, 복부, 아랫배를 의식하고, 다시 깊이 내쉬어봅니다. 이렇게 숨이 드나드는 신체의 일부를 의식하는 것은 내가 '지금, 여기 존재함'을 의식하게 해줍니다. 나는 안전합니다. 모든 것이 온전합니다.

온전함을 느끼는 순간, 이것을 지속하고 싶다고, 존재로서 살고 싶다고 갈망해볼 수 있겠죠. 갈망을 느낀다고 해서 당장 현실에서 무언가를 결정짓고 작위적으로 변화시키라는 의미는 아닙니다. 우선은 내 마음에서만 다져지도록 거듭 갈망해보는 겁니다. 모든 변화는 내 안에서부터 시작되니까요.

둘째, 가슴이 느끼는 대로 살고 싶다는 갈망이 뒤돌았을 때 흐려져도 괜찮습니다. 타인의 말에 흔들렸을 내 마음, 비교되었을 내 마음, 분위기에 조정되었을 내 마음을 다시 금세 알아차릴 수 있으면 됩니다. '가슴이 느끼는 대로 존재로서 살려고 하는데 또 흔들렸네.'라고 말입니다. '그럼 그렇지, 내가 무슨 마음을 돌본다고. 한심하네.'라고 스스로 아프게 꿀밤을 주지 않아도 된다는 의미죠.

그러면서 다시 '아까는 흔들렸지만 난 여전히 존재로서 살고 싶어.'라고 평온으로 향하는 의지를 다잡는 겁니다. 이 책을 읽을 때만이라도 지금, 여기에서 온전히 존재하는 나와 나의 감정을 거듭 알아차려봅시다.

흔들리는 마음이 되었다는 걸 느꼈을 때 바로 알아차릴 수 있도록 자신만의 바디버튼을 만들어두는 것도 좋습니다. 기분이 나쁠 때 "아, 기분 나빠."라고 말하며 신체의 한 부분을 터치해보는 겁니다. 무릎을 치거나 손가락을 잡아당기기 등으로 나만의 행동을 설정하고, 나의 자아가 만들어낸 생각을 같이 알아차려주면 잠잠해지는데 도움이 됩니다.

감정은 욕구보다
먼저 숨을
느끼는 것부터

감정은 숨을 느끼는 것 안에 있습니다.

　나의 부정적인 감정은 부족한 욕구를 채우면서 안정되기도 합
니다. 그래서 종종 이때의 안정감을 감정이 해소된 것으로 여기
기도 합니다. 예로 분노의 감정을 느낄 때, 내 욕구 중 돌봄의 욕
구가 채워지지 않았다는 것을 알고, 돌봄의 욕구를 채우면서 분
노라는 감정이 잦아드는 것처럼 말이죠. 그리고 돌봄의 욕구가
나의 평생 골칫거리인 양 대합니다. 이렇게 감정은 나의 무의식
에 존재하는 채워지지 않은 어떤 욕구를 발견하는 수단처럼 사용
되기도 합니다. 그러나 이는 일부는 옳으나 감정에 진심으로 다
가가는 방법은 아닙니다.

현대인들은 나의 욕구를 알고 채우면 내가 온전해진다고 여기기도 합니다. 그러나 경험해보셨겠지만 원하는 것을 성취하고 소유해도 생각보다 만족감이 오래가지 않습니다. 다시 공허함이라는 굴레에 빠져 더 많이, 더 큰 것을 채우려고 노력하게 되지요. 그래서 물질이 풍족한 현대에는 만족하는 법을 알아야 한다고도 합니다.

현대인들이 추구하는 욕구에서 '인정과 존중'은 아주 큰 비중을 차지합니다. 분명 인정과 존중의 욕구는 행복한 감정의 많은 부분과 연결되어 있고, 내면은 물론 외면의 건강과 소통에도 중요합니다. 우리는 무의식적으로도 타인에게서 인정과 존중을 받지 못했다고 여기고, 힘든 하루의 이유를 인정과 존중이 부족한 데서 찾으며 자신을 위로하기도 합니다. 그런데 이때 느끼는 위로라는 안정감도 과연 진짜인지는 또 살펴볼 필요가 있습니다. 이 내용은 뒤쪽의 〈진짜 안정감과 가짜 안정감 구별하기〉에서 이어 적겠습니다.

그렇게라도 욕구를 알고 안정감을 느끼며 하루를 살아갈 수 있으니 감사하지만, 삶 전체로 보면 감사로 버티는 모습입니다. 다시 얼마 안 가서 감정의 파도를 만납니다. 그러면 이때 우리는 이런 생각을 하게 됩니다.

'그래, 계속해서 파도가 치는 것이 원래 인생이지.'

그런데 이 생각을 두 가지 관점에서 살펴보겠습니다. 이 생각이 현실을 그대로 받아들이는 모습이라면 좋습니다. 하지만 '어쩔 수 없는 일이잖아.'라는 생각으로 원망하거나 회피하는 차원이라면 또 버티는 일을 반복하는 겁니다.

'인생이란 원래 부족하니 그때마다 나는 인정과 존중을 채워야해.'라고 욕구에서만 원인을 찾게 된다면 꽤 분주한 생활을 하고 있을 겁니다. 어딘가 모르게 끌려다니는 느낌이 들겠죠. 인정과 존중을 끝없이 필요로 하는 자아의 욕구만을 채우고 있기에 그렇습니다. 실제로 우리가 얼마나 그렇게 끌려왔는지, 언제까지 끌려갈 것인지, 멈춰서 살펴볼 필요가 있습니다. 그렇다고 우리가 여태껏 잘못 살아왔다는 건 아니니 안심하셔도 됩니다.

한편 '파도가 거듭되는 것이 인생이지.'를 그대로 진정으로 받아들였다면 욕구나 다른 무언가를 찾아 쫓는 것을 우선하며 서두르지 않게 됩니다. 왜냐하면 제대로 받아들여지면 내 안에서 정화가 일어나 선善의 고요가 드러나기 때문입니다.

동요되는 감정이 있을 때, 이제는 욕구가 아닌 숨결을 먼저 느껴보기로 합시다. 어쩌면 호흡을 들이쉬고 내쉬는 데 의식을 두는 것이 무슨 소용이 있는지 의아해하실 수 있습니다. 답답하거나 쓸모없다고 여겨질 수도 있겠죠.

하지만 숨을 느끼는 것에 뿌리를 내리지 않는 감정이란 존재할 수 없습니다. 숨을 고르는 일은 나의 몸과 직결됩니다. 그리고 감정은 곧 몸으로부터 나옵니다. 숨은 곧 몸이며, 숨(몸)과 감정은 '느껴짐'으로 연결되어 있습니다. 그 느낌의 연결이 내면의 소울 통로입니다. 실은, 그 느낌으로 나의 고유함을 받아들이는 흐름이 정화의 전부이기도 합니다. 이렇게 감정의 흐름을 느끼는 것은 살아 있는 나의 숨과 맞닿아 있습니다.

이것이 생소하여 곧장 생각의 통로로 감정을 추측하기도 하지만, 내면 소울 통로로 감정을 느끼는 것이 진짜입니다. 하루 중에 종종 숨을 느껴보는 여유가 있으면 좋겠습니다. 3초 정도로 시작해서 30초, 1분…. 이렇게 차근히 숨을 느끼는 시간을 늘리면 좋습니다. 이 느낌의 근력을 키우면서 더 이상 '욕구'만이 아닌 '소울'을 느낄 수 있도록 말이죠. 숨을 여유 있게 고르는 것은 몸과 마음의 응어리를 풀어주는 데도 도움이 됩니다.

설명하며 강조하듯 적었지만 결국은 숨을 가다듬게 되면 소울 위로 동요하는 감정을 관찰의 시선으로 바라보게 된다는 걸 전하고 싶어서입니다. 동요하는 감정을 관찰하는 것은 나의 존재성을 느낄 수 있는 온전한 상태로 가는 길이기에 중요합니다.

영화 〈그래비티〉에서 우주 미아였던 주인공이 지구로 돌아와 대지와 입을 맞추는 장면이 있습니다. 온통 캄캄한 우주에서 어디로 흘러갈지 모르는 상태로 몸이 둥둥 떠 있던 그녀는 위협을 느낍니다. 그러다 극적으로 닿은 대지는 얼마나 소중하고 아름다운지 모릅니다. 물과 하늘을 온전히 숨으로 느끼는 장면이 클로즈업됩니다. 주인공은 그제야 비로소 존재의 진정한 안정감을 느낍니다. 육체를 지닌 우리는 누구나 숨으로 온전히 몸을 느낄 때, 지금 여기서의 현존을 느낍니다.

감정의 본모습에 대해 욕구뿐 아니라 숨을 느끼며 다가가볼까요? '파도가 거듭되는 것이 인생이지.'를 어쩔 수 없다는 생각이 아닌 '숨결'로 느끼는 것이 먼저입니다. 그 느낌을 그대로 바라보는 것이 감정의 본모습에 다가가는 첫걸음입니다.

감정은
영soul의
신호입니다

감정의 본모습을 이해하기 위해서는 영soul의 원리를 살펴보아야 합니다. 먼저, 영soul은 신이 요술을 부리는 신통력 같은 것이 아닙니다. 우리에게 익숙한 것이 아닌, 다른 관점으로 보는 것이기에 다르게 감지되는 차원일 뿐입니다.

이해를 돕기 위해, 지구에서 살고 있는 인간인 '나'를 중심에 두고 세상의 현실을 바라보겠습니다.

나에게 이 현실은 어떤 의미일까요? 온라인 게임이 가장 적절한 비유입니다. 일반적으로 게임 속에서 나의 캐릭터가 죽으면 게임은 끝나고, 더 이상 게임 세상이 존재하지 않죠. '진짜 나'와

'진짜 세상'은 게임 밖에 존재합니다.

  게임 캐릭터를 우리 인간이라고 하면, 인간인 '나'가 죽으면 내가 경험할 수 있는 현실 생활은 없습니다. 마치 게임이 끝난 것과 같이 말이죠. 이처럼, 지구에서의 생활은 영원불변한 것이 아니고 사라지는 것입니다. 즉, '나'를 중심으로 볼 때 현실은 '있다가 없어지는' 상태라는 것을 감지해보세요. 현실은 내 영혼의 뿌리를 내릴 수 있는 진짜 대지가 아닙니다. 그러니 이 '가짜 현실'에 내 존재의 뿌리를 내리려고 할수록 모래 위에 집을 짓듯 불안해지는 것입니다.

  그렇다면 이러한 관점에서, 실재가 아닌 현실이 왜 존재하는 걸까요? 영soul이 지구로 오면서부터 삶의 스토리가 시작됩니다. 소울은 나의 부모를 통해 이 지구 세상에 몸을 지닌 영적인 존재인 '나'로 태어납니다. 그렇게 몸이 생기는 순간 내면에 '자아'가 함께 생성되는데, 그 이유는 현재의 세상에서 '내가 있음'을 확인하기 위해서입니다. 소울과 분리된 자아는, 자신이 있음이 한시라도 확인되지 않으면 불안해하고 두려워합니다.

  여기서 소울의 속성도 같이 살펴보면, 소울은 항구히 진화하고자 합니다. 그 때문에 지구에 와서 다양한 현실을 체험함으로써 선善을 행하고, 영적 진화의 기회로 삼는 것이죠. 즉, '현실'은 몸을 지닌 영적인 '나'가 진화하기 위해서 체험 교실로 존재합니다. 영적 존재인 우리는 이 세상에 살며 여러 체험을 하는데, 이것이 인간에겐 인생의 역경이라고 여겨지기도 합니다. 소울 입장에서 볼 때는 인간들이 선善을 선택하면 모든 것이 수월할 텐데, 안타깝게도 우리는 그러지 못하죠. 자아가 함께 사는 현실에서는 선을 떠올리기는 할지언정 선택하는 것이 어렵습니다. 그러니 현실에서 갈등은 끊임이 없습니다.

좀 더 설명해보겠습니다. 인간의 육체를, 보이지 않는 소울에게 옷을 입혀서 어떤 실체로 보이게 하는 방식이라고 생각해봅시다. 마치 만화에서 형체가 없는 유령에게 희고 너른 천을 씌워 흰 유령으로 보이게 하듯 말이죠. 소울이 '있음'을 확인하기 위해서 '가짜 흰 천(자아)'이 필요한 겁니다.

이 흰 천은 진짜가 아닙니다. 단지 진짜인 소울이 '있음'을 인식하기 위해 필요한 것이죠. 즉, 지구에서 삶은 소울을 투사한 가상의 상태인 것입니다.

감정과 현실의 관계에 대한 영soul의 원리의 큰 맥락은 이렇습니다. 그런데 잠시 환기할 겸, 당부를 드리고 싶습니다. 위의 원리를 이해한다고 해서 우리가 갈망하는 감정 정화가 되는 건 아닙니다. 뒤에서도 언급하지만 정화는 '지금을 있는 그대로 받아들이는 것'이기에, 이 내용을 모르더라도 괜찮습니다. 단지 우리가 이 이야기를 하는 것은 감정의 본모습을 이해하는 데 도움이 되고자 함이니 '이런 영soul의 원리도 있네, 감정과 소울, 현실이 이런 관련이 있구나.' 정도로만 편히 읽으셔도 됩니다. 정화를 체험하면 어렵지 않게 이해되는 내용이기에 그렇습니다.

다소 생소할지라도 '내가 내 삶의 주인이다', '내가 세상의 중심이다'라는 말과 같은 맥락임을 안다면 받아들이기가 조금 편할 겁니다. 반대로 '나의 주인은 당신이다', '나는 세상을 쫓아간다'라는 말은 무의식적으로도 달갑지 않습니다. 진실이 아니기 때문이죠.

이러한 관점은 근원적인 해결과 평온을 주고, 또 명상하며 떠올려볼 수 있는 의식이기도 합니다. 그러나 세계의 영성가들이 이렇게 세상을 본다 하여 그들을 따라가야 한다고 강요하지는 않으니 안심하세요. 단지 영soul의 관점으로도 삶을 이해해보고자 하는 말입니다.

자아실현을
해도
아픈 이유

우리는 자기계발을 좋아합니다. 좀 더 나은 사람이 되고 싶은 건 본성이기도 합니다. 저도 비전을 세우고 비전 리스트를 이루어가는 즐거움이 있었는데요. 지금 생각해보면 조금 성급한 제 모습도 보입니다. 당시에는 말도 행동도 빠른 모습이고, 내 감정을 잘 살펴보지 못하고 많이 건너뛰었다는 것을 번아웃이 왔을 때쯤 보게 되었습니다. 당시에 나의 감정을 잘 살펴주었으면 좋았을 텐데, 습관대로 성급하게 아픈 부위만 도려내려고만 했을 뿐 따스하게 대해주는 데에는 인색했네요.

다시 또 그렇게 몇 년을 지내다보니 감정을 살펴야 하는 의무로 버티며 살아왔다는 걸 실감하게 되었습니다. 그동안 눈덩이처럼 부푼 삶의 무게에 짓눌리기 일보 직전이었죠. 지금도 여전히 하루하루 성장하는 생활을 좋아하고 꿈과 비전을 이루는 희망과 성취감도 좋아하지만 마음의 밭은 전과는 다른 차원에 있는 듯 여유롭습니다. 제 얘기에 빗대었지만 주변에도 성실하게 선善의 방향으로 자기계발을 이어가는 분들이 많습니다.

매슬로우의 욕구 단계 중 가장 윗단계는 '자아실현'입니다. 인간은 원하던 물건을 소유하고 명예를 얻어도, 내면에서 쟁취해야 하는 욕구를 향해 또 나아갑니다. 분석하고 계획해서 목표한 바를 이루면 더 이상 부족할 것이 없다고 생각하지만 매번 착각의 늪이라는 것을 잘 알 겁니다. 이렇듯 자아실현을 해도 아픈 이유는 말 그대로 '자아의 욕구'를 실현시키려 하기 때문입니다. 자아의 욕구는 실현되겠지만, 그 사이 소울은 어디에도 안정되게 뿌리를 내리지 못하고 헤매고 있습니다. 자아의 욕구는 끝이 없습니다. 계속 또 다른 만족을 향해 목표를 세우고 달려가는 것이 인간의 본성입니다. 끝이 있다면 자아의 생성지인 인간의 몸이 사라질 때입니다. 곧 인간이 죽을 때죠.

물론 심리학자들은 욕구 단계에 대해 최종적 보완의 내용으로 '자아초월'도 이야기하고 있습니다. 그런데 우리가 감정을 살펴볼 때는, 자아를 이해하려 하기보다는 이런 모든 이성적인 시도에서 벗어나 자아를 잠시 내려두고 그 너머의 진심으로 다가가보 았으면 좋겠습니다.

자아의 욕구를 나의 '자아 침대'에 눕혀둘 때 찾아드는 안정과 평온의 감정을 먼저 감지할 수 있으면 좋겠습니다. 복잡한 일을 잠시 내려두고 진정을 찾은 후에 다시 그 일을 바라보면 좀 전과 는 다르게 마주하게 되는 것처럼, 무슨 일을 할 때든 자아를 내려 둘 때 찾아오는 평온을 먼저 느낄 수 있다면, 그 후에는 다시 이 전과 같이 자아의 욕구를 채우게 되더라도 삶의 질은 달라집니 다. 진정되고 평온한 마음의 밭이기 때문입니다.

아침에 불안한 마음으로 일찍 일어나는 것과 평온한 마음으로 일찍 일어나는 것은 분명 다르니까요. 진로를 정하고, 결혼을 하 고, 사회적 관계를 형성하는 인생의 많은 선택 앞에서도 평온한 상태의 마음이 절대적으로 우선입니다. 이때 평온한 상태는 '아 무것도 아니다, 아무렇지도 않다, 아무 일 없다' 등으로 느껴질 수 있습니다.

예로, 진로를 선택하지 않았을 때 내가 불안한 마음인지, 진로 의 여부와 상관없이 안전하고 충분한 마음인지가 중요합니다. 나 에게 평온함과 온전함이 있을 때, 삶의 스토리를 수월하게 풀어가는 힘이 생깁니다. 내가 원하는 길보다는 내게 적합한 길로, 나는 자연히 안내될 겁니다. 이 온전하게 정화된 마음으로 현실의 해결 방법을 찾는 것은 불안한 자아를 채우려는 해결의 마음과는 아주 다른 삶을 만듭니다. 3장에서는 안전하고 충분한 마음을 가지는 데 도움이 될 정화 흐름의 내용도 소개해드리겠습니다.

우리는 소울의 온전함이 있을 때에야 비로소 자아를 유익하게 움직일 수 있습니다. 여유로운 아침이 하루를 좀 더 건강히 보낼 수 있게 하죠. 어떤 평가도 없는 평온과 온전함, 기쁨 속에서 나 자신을 따스한 사랑의 자리에 놓아두어보세요. 그러면 현실의 모든 일은 내가 해결하지 않아도 알맞은 방향으로 안내됩니다.

그렇게 삶이 원활히 흘러갑니다.

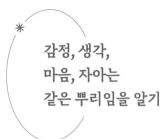

감정, 생각,
마음, 자아는
같은 뿌리임을 알기

내면을 말하면서 자주 만나는 말이 있습니다. 감정, 생각, 마음, 자아와 소울, 신성, 공空, 참 나 등입니다. 궁극적으로 내면의 이로운 방향으로 가고자 할 때 만나는 단어입니다. 이 단어들의 의미를 크게는 자아 상태와 참 나 상태로도 구분할 수도 있고, 악과 선으로도, 허상과 본질로도 나누어볼 수 있습니다.

생각과 감정은 마음의 요소이고, 이 마음을 '자아'라고 부를 수 있습니다. 현실은 자아의 결과물들로 만들어져 있습니다. 즉, 나의 현실은 나의 자아대로 만들어진 것이죠. 감정, 생각, 마음, 자아, 현실 세계. 이 단어들의 뿌리는 모두 같다는 것을 말하고 싶습니다.

이것들은 모두 몸으로부터 생성됩니다. 즉 몸이 없으면 모두 존재하지 않는 것들입니다. 감정, 생각, 마음, 자아, 현실 세계는 모두 '있다가도 없어지는' 생과 멸의 변화이며 영원한 것이 아닙니다. 생각도 감정도 있다가 없어지며 변화하고, 자아도 마음도 현실도 그렇게 변화합니다. 여기서 자아와 소울이라는 어떤 실체가 있는 것이 아니라 어떠한 상태로 이해하면 좋습니다. 소울은 선善과 사랑의 풍요로운 모습으로 느껴보시면 됩니다.

처음 아기로 태어났을 때의 생각과 감정은 현실 경험이 없는 가장 약한 상태의 자아입니다. 앞에서도 언급했듯 자아는 소울과 분리된 불안과 두려움의 상태가 근원입니다. 그리고 그 자아와 마음, 몸으로 한 해 두 해 사는 생활로 나의 현실이 만들어집니다. 그렇기에 현실도 불안과 두려움이 창조된 무대입니다.

만약 지금 이 말들이 선명하게 받아들여지지 않는다면, '주로' 그렇다는 의미로 받아들여도 좋습니다. 감정, 생각, 마음, 자아, 현실 세계는 두려움과 불안이 '주로' 많다는 정도로 시작해도 좋습니다. 차차 선명하게 보게 되는 것이 곧 정화라는 것도 알게 될 겁니다. 물컵에 있는 물이 더러워 보이기도 하고 깨끗해 보이기도 할 때보다, 더러운 물의 상태가 제대로 보이면 그 물을 마시지 않게 되겠죠.

우리가 현실 세계에서 자아를 치유하는 관점으로만 다가가게 되면 결국 같은 불안의 물에 머무르는 것과 같습니다. 그보다는 우위의 선禪의 소울로 감싸질 때에야 비로소 불안과 두려움은 녹게 됩니다. 그러면서 치유도 함께 진행됩니다. 그러니 자아를 치유한다기보다는 소울이 전체적으로 맑아지는 상태를 떠올리며 다가가는 것이 좋습니다. '자아를 치유하자.'라는 표현보다 '소울을 평온히 하자.'라는 표현에 좀 더 감동이 느껴지면 좋겠습니다.

이번에는 '마음에 따라 행복이 달렸다'는 문장을 소울의 관점에서 살펴볼까요? 일반적으로 이 문장은 '마음'에 삶의 행복을 여는 열쇠가 있다는 의미로 느껴집니다. 우리의 '마음'을 잘 관리하면 행복해질 것 같은 비장한 다짐도 느껴지지요. 그런데 이 문장을 잘 들여다보면, '긍정의 마음을 가지면 행복해진다'는 말과도 같습니다.

만약 지금 좌절된 마음이라고 할 때 '좌절하면 안 돼, 긍정적인 마음으로 도전해야 해. 그래야 행복해져.'라고 했다고 합시다. 이런 극복과 도전이 잘못된 것은 아닙니다. 다만, 좌절된 마음은 불행을 부르는 나쁜 것이라고 여기면 안 됩니다. 그로 인해 이 좌절의 감정을 회피하고, 방치하고, 은폐하게 된다면, 불행은 여기서 시작됩니다. 좌절된 마음을 그대로 알아봐주지 못하고 무의식이라는 지하창고에 버려놓은 채 긍정의 마음만을 선택하는 격이기 때문입니다. 이런 식으로 '마음에 따라 행복이 달렸다'는 의미를 받아들이면 곤란합니다. 결국 긍정의 마음을 가짐에도 행복해지지 않는 이유입니다. 본 문장의 의미도 이런 것은 아닐 겁니다.

또한, 여기서 '마음'이라는 단어를 같은 뿌리인 '감정, 생각, 자아, 현실'로 대체해보겠습니다.

'생각과 감정에 따라 행복이 달렸다.'
'자아에 따라 행복이 달렸다.'
'현실에 따라 행복이 달렸다.'

어딘가 이상하게 느껴지지 않나요? 숲에서 나무 한 그루만 보는 기분이랄까요? 감정은 처세술이 아니라 진심으로 어루만져야 한다는 걸 다시금 상기해봅시다. 또 이 말을 '현실', 즉 외부 관점에서 보는 것이 아니라 '나'의 내면 관점에서 더 깊은 의미로 받아들여봅시다. 다시 적어본다면 이렇지 않을까요?

'소울에 따라 행복이 달렸다.'

감정, 생각, 마음, 자아, 현실 세계에 대한 지혜는 그 너머의 소
울에 있습니다.

좌절된 마음을
알아주어야 하는
이유

이번에는 좌절된 마음을 알아주어야 하는 이유를 말해보려 합니다. 좌절된 마음에는 어떤 것이 있을까요? 기본적으로 기대에 따른 실망감이 있을 텐데요. 그러면 먼저, 우리가 기대하는 것들을 한번 떠올려봅시다.

자신의 꿈을 이루는 데 꼭 필요한 시험이라고 해볼게요. 기대가 컸던 만큼, 결과가 좋지 않았을 때 좌절감을 느낍니다. 심장이 두근거리는 신체적인 반응도 있을 테고, 눈물이 나거나 서글퍼서 몸을 움츠리기도 하겠죠.

많은 경우 우리는 '괜찮아, 다음에 더 잘하면 되지.'라고 위로를 합니다. 빨리 나를 괜찮은 상태로 되돌려놓고 싶기 때문입니다.
이렇게 좌절된 마음을 대하는 것도 꽤 괜찮은 방법입니다. 좌절
된 감정에 지나치게 매몰되어 자신을 더 혹사시키는 행동을 하며
방황을 이어가는 것보다는 낫습니다. 물론 방황도 극단적인 방법
이 아니라면 방황하는 의미가 있고, 언젠가는 끝이 나기 때문에
지켜봐줄 수도 있습니다. 자신에게 필요한 여정이라면 받아들이
는 것이 좋지요. 그래도 자신을 사랑하고 싶은 마음이 올라온다
면 지나친 방황의 길은 걷지 않았으면 합니다.

다시, 좌절된 마음을 알아봐준다는 것은 이렇습니다.

성급하게 나를 온전한 상태로 되돌리려고 하는 대신, 좌절된 지
금, 여기에서 마음을 인정해주는 것입니다. 우리의 마음이 우리의
의도 때문에 변화한다 하더라도 그것은 진심으로 마음을 대하는
것이 아닙니다. 지금은 눈물과 서글픈 감정으로 몸을 움츠리고 있
는 자신을 알아차리는 게 먼저입니다. 다시 말해, 움츠리고 있는
내 모습을 진심으로 바라보며 머무는 교감의 시간을 가져보는 것
입니다. 움츠리고 있는 나의 내면아이와 대화를 해보세요. 어떤
모습일까요? 어떤 말을 하며 다가갈 수 있을까요? 상황을 추측하
고 감정을 이입하며 내면아이와의 대화를 읽어봅시다.

"아이야, 네가 울고 있구나, 괜찮니?" 얼굴을 마주보고 말을 걸어봅니다.

아이는 어깨를 들썩이며 흐느낍니다. "난 오늘 너무 슬퍼. 그렇게도 원하던 시험에서 떨어졌거든. 이런 내가 한심해."

"시험에 꼭 합격하고 싶었니?"

"당연하지. 정말 기다렸던 시험인데… 나보다 못한 사람들도 합격하는데, 나는 왜 떨어진 건지 너무 억울해."

"그렇게 원했는데 진짜 속상하겠다. 네가 얼마나 노력했겠니?"

"맞아, 나는 최선을 다했어. 이른 아침에 일어나서 부모님을 도와가면서도, 한편으로는 내 꿈을 이루기 위해서 열심히 공부했어…."

"그래, 진짜 열심히 했구나. 정말 멋지다, 그런 노력들."

진심 어린 눈빛으로 바라봅니다. 잠시 시간이 흐르고, 진정된 내면아이가 눈물을 닦으며 말합니다. "고마워. 나를 알아줘서."

"그래. 이제 좀 진정이 되니?" 아이를 포근히 안아줍니다. 아이는 한결 몸의 긴장이 풀립니다.

이러한 대화의 여정이 자신의 좌절된 마음을 알아주는 것입니다. 자기 비하, 타인과의 비교, 시기, 분노와 억울함 등 우리가 나쁜 감정이라고 생각하며 지하에 버려두었던 감정을 떠오르는 대로 인정하는 겁니다. 솔직하고 가감 없이 자신을 드러낼수록 그

부분에 대해 깊은 위로를 받을 수 있습니다. 우리는 이렇게 위로를 받으며 치유와 가까워집니다.

떠오르는 감정들을 이렇게 그대로 보고 나면 진정이 되고 고요가 찾아듭니다. 그러면 자연히 내가 나아갈 지혜를 찾게 됩니다.

"고마워. 어떻게 보면 나의 노력이 부족했을 수 있어. 좀 더 보완할 방법을 생각해봐야겠어."

진정된 마음이 자신의 행동 방향을 얘기한다면, "어떻게 하고 싶은데?"라고 순수한 호기심의 마음으로 물어볼 수 있겠죠.

"공부 습관이나 열정은 좋았지만 시험의 핵심을 놓친 거 같아. 좀 더 이 시험 핵심에 맞추어서 공부해봐야겠어."

"와, 훌륭한 생각이다. 그렇게 공부하면 아주 좋은 결과가 있겠는걸. 넌 충분하고 멋져. 응원할게."

내면아이를 축복하고 응원하면 좌절된 마음은 사라집니다.

이러한 대화는 자녀를 대할 때도 필요합니다. 좌절한 자녀의 마음을 알게 되었을 때, 부모가 자녀의 그 마음을 성급히 해결해주는 것이 우선은 아닙니다. 자녀 스스로 자신을 따스하게 대하도록 이끌어주는 것이 부모의 진정한 사랑일 겁니다. 부모가 자녀의 내면아이를 추측하며 대신해서 자녀와 대화를 해줄 수도 있습니다. 평소 주변 사람들에게는 친절하면서 정작 가족과 나 자신에게는 쌀쌀맞게 대하는 경우가 많습니다. 우선 나 자신과의 내면 대화를 해보며 감정을 알아주는 연습을 해보세요.

만약 우리가 감정을 무의식에 버려두는 생활을 이어간다면 어떨까요. 나의 소울은 무의식에 눌려 어둡고 혼란스러워할 것입니다. 괜찮은 것 같아도 그런 체하는 것일 뿐 여전히 내가 무의식 감정에 지배되고 있다는 걸 느낄 때가 있을 겁니다. 이로 인해 실수를 하거나 원치 않는 일들을 겪게 되기도 합니다. 정신분석학자인 프로이트는 인간의 행동이 합리적으로만 이루어지지 않는다며, 우리의 마음 깊숙한 곳에 숨어 있는 무의식이 행동과 정서를 좌우한다고 주장했습니다.

한편, 평소 나의 현실을 무의식의 관점으로 해석해볼 수도 있습니다. 이해의 관점을 달리 해보는 겁니다. 무의식과 현실을 연관지어 강조하는 이유는 무의식에 쌓인 감정을 언젠가는 다시 현실에서 마주하게 되기에 그렇습니다. 무의식에 쌓인 어두운 감정들은 역경과 어려움의 형태로 가까운 시일에 찾아오기도 하고 나이후 다음 대(代)에 나타나기도 합니다. 특히 '나'의 생성지인 부모와 자라온 환경은 나의 무의식의 전부를 채운다고 해도 과언이 아닙니다.

우리는 나의 부모만큼 살게 됩니다. 내 아이도 나만큼 살게 됩니다. 내 안의 무의식 감정을 넘기 전까지는 말이죠. 만약 이 좋지도 나쁘지도 않은 내용을 읽으며 불안의 마음이 들어선다면 '아, 무의식 감정에 대해 내가 불안해하는구나.'라고 스스로에게 말하며 먼저 알아주세요. 현실에 우연은 없다는 원리를 적은 것뿐입니다. 현실은 철저히 인과법칙이 작용합니다. 억눌린 무의식 감정이 있으면 현실에서 계속 올라옵니다. 이 무의식이 그 감정을 알아주는 진심을 체험할 때까지 말이죠.

그러기에 우리는 감정에 진심으로 다가가기를 원하고, 무의식 감정과도 대화하며 정화되는 이야기를 하고 있으니 안심하세요. 지금의 '불안' 또한 지금 여기서 온전히 살면 곧 없어질 감정일 뿐입니다. 잠시 숨을 느끼며, 다음 내용으로 가볼까요?

진짜 안정감과
가짜 안정감
구별하기

이번에는 진짜 안정감과 가짜 안정감을 구분하는 방법을 말해보겠습니다. 〈감정은 욕구보다 먼저 숨을 느끼는 것부터〉에서 언급했듯이, 감정 식별은 '진짜' 선善을 선택한 것인지를 가늠하는 데 도움이 되기에 중요합니다.

  설사 '가짜'를 선善으로 착각하여 행했다 하여도 그 선택에 진심이라면 원하는 대로 현실에서 나타나기도 하며, 훗날 이 착각을 알게 되는 기회가 옵니다. 내가 진짜 선으로 착각했다는 것에 부끄러워하는 양심의 소리가 들리는 것이죠. 그렇게 다시 선을 선택할 기회가 주어집니다.

예로 이기적인 사람을 험담하는 장면을 떠올려보겠습니다. 직장 상사의 이기적인 성격 때문에 내 마음이 괴롭다고 해볼까요. 괴로움이 크다면 서로 소통을 하면서 어떻게든 해결이 나겠죠. 그러나 일상의 작은 괴로움은 회피하고 싶거나 대수롭지 않다는 생각으로 소통하기를 꺼려할 수 있습니다.

직장 상사는 좋은 물건이 생기면 자기 것부터 먼저 챙기고, 리더의 자리에 있으면서도 아랫사람에 대한 배려 없이 언제나 자신의 휴가 일정을 가장 좋은 시기로 정합니다. 동료와 나는 모여서 그 이기적인 리더에 대해 추측하고 단정 지으며 험담을 하고, 한편으로는 나의 불편한 심경을 위로합니다. 그러나 정작 그 상사는 자신의 그러한 태도가 타인에게 어떤 불편함과 아픔을 주는지 모르고 있습니다. 상사는 어떤 의심조차 없이 자신의 태도가 옳다고 생각하고 있으며 타인을 고의로 괴롭힐 의도는 없습니다. 그는 오히려 승진도 잘되고 상사들과도 관계가 좋습니다. 그러는 중에 나는 매일 친한 동료들과 모여 리더를 험담하고, 그렇게 남들도 다 리더를 미워하는구나 안심하며 버티는 생활을 지속합니다. 이러한 삶의 태도는 글로 읽는 것과 달리 일상에서는 미묘해서 선명하게 느끼기가 힘듭니다. 또 험담하는 사람의 주변 환경이나 사회적 위치 등이 맞물려지면서 사람들에게 혼돈을 일으키고 같이 험담을 해도 된다는 이상한 결속력이 생깁니다.

이 경우 나는 지금 무의식적으로 착각에 빠져 있는 상태입니다. '험담하는 나'는 합리적이고 좋은 사람이고, '이기적인 리더'는 배려가 없는 나쁜 사람이 되니, 좋은 사람인 나를 사람들이 더 많이 사랑해줄 것이라는 착각입니다. 그 외에도 나는 좋은 사람이라는 다른 합리화된 생각들이 있을 수 있습니다.

자, 이 장면에서 살펴볼 것이 세 가지가 있습니다. 순서는 상관이 없고 모두 동시적인 것입니다.

먼저, 감정을 식별하는 차원에서 '험담하는 나'가 느끼는 안정감이 진짜인지 의문을 가져봐야 합니다. '험담하는 나'는 오늘도 그 리더 때문에 괴로운 시간을 보내느라 피곤했지만 잠자리에서 하루를 돌아보면 안정감을 느낀다고 합시다.

'오늘 하루는 어땠지? 이기적인 그 사람만 아니면 더 행복했을 텐데, 어쩜 그 인간은 자기만 아는지 몰라. 뭐, 그래도 사람들도 다 나처럼 생각하니까 안심이지. 아, 그럭저럭 오늘도 잘 보냈네.'

자, 여기서 느껴지는 안정감은 진실과 맞닿지 않음을 눈치채셨 겠지요. 안정감의 조건이 '험담'이기에 그렇습니다. 험담을 할 수 밖에 없는 이기적인 상사의 조건들을 내려두고, 험담 자체가 선善 이 아님을 받아들일 수 있어야 합니다. 진정한 안정감은 어떤 조건 이 없이도 찾아오는 것이고, 최소한 내가 험담하지 않음에도 찾아 오는 것입니다.

그러려면 직장 상사가 나를 괴롭히는 사람으로 보이지 않아야 하겠죠. 이것은 이기적인 사람을 극적으로 착한 사람으로 보라는 것이 아닙니다. 단지, 좋은 것은 자기만 가지고, 좋은 휴가 일정을 선점하는 모습이 '그럴 수도 있지.'라는 생각으로 내게 받아들여 지는 정도면 됩니다. '그럴 수도 있지.'라는 생각이, 나의 내면에 서 솟는 안정감의 기본이 되어야 한다는 것이죠.

또한, 왜 그 이기적인 리더는 승진을 잘하는 걸까요? 그의 행동 이 '진심'에서 나왔기 때문입니다. 내가 보기엔 이해되지 않는 나 쁜 사람이지만, 그 상사는 자신이 맞는다고 생각하는 진심을 바 탕으로 좋은 것을 선택한 겁니다. 리더의 체면이 팀의 체면이 될 수 있다고 여겨서 자신이 좋은 것을 택했을 수도 있고, 알고 보니 휴가 일정 또한 자신 나름대로는 진심으로 타인을 배려한 선택이 었을 수 있습니다. 그러는 중에 사람의 성향에 따라 얄밉거나 간

사한 태도들이 보였던 것일지도요. 누가 봐도 고루 나누어 가지는 것이 좋고, 누가 봐도 배려된 휴가 일정이 아닐지언정 그 상사의 마음만은 악의가 없다는 겁니다. 그러니 실질적으로 보면 '배려 없는 진심'이 승진을 돕고, '험담'을 한 나는 선善을 이루지 못한 격입니다. 이렇게 되면 겉으로는 잘 지내는 듯하지만 직장생활하는 나의 몸과 마음이 더욱 힘듭니다.

그러나 상사의 '배려 없는 진심'은 곧 다른 곳에서 진실이 드러나도록 자연히 어떤 일을 겪을 테니 우리가 배 아파하지 않아도 됩니다. 우리는 최소한 '당신에게 배려가 있길 바랍니다.'라고 축복하는 마음을 진심으로 가지면 됩니다. 또한 그 상사에게는 이 과정이 자신의 삶에서 필요한 여정일 수도 있습니다.

마지막으로, 나는 왜 이기적인 태도에 괴로움을 느끼고, 진정한 소통을 하지 못하고 뒤에서 험담을 하는 걸까요? 이때 자신의 무의식으로부터 영향을 받았음을 해석해볼 수 있습니다. 현실에 나타난 이기적인 태도는 곧 내 마음이며, 소통하지 못하고 뒤에서 험담하는 태도도 내 마음을 비춘 것입니다. 이것을 깨달았다면 내가 왜 이기적일 수밖에 없었는지, 나는 왜 소통을 하지 못하고 험담을 할 수밖에 없었는지 외부의 상사가 아닌 나의 내면으로 들어와서 나의 과거를 탐색해봅니다. 이 모든 내용이 정화를 향한 여정입니다.

무의식으로 쌓이는 감정은 알아차리기도 컨트롤하기도 힘듭니다. 그래서 현실에서 일어난 일들을 보면서 우리는 '아! 내 무의식이구나!'라고 알아차리는 기회를 얻을 수 있습니다. 내 삶만이 교본입니다. 그리고 그때 감정을 알아차렸다면 한층 더 내려가서 감정의 실체가 선善인지를 살펴보면 좋겠습니다.

'인정과 존중'의 욕구가 채워져서 안정감이 온다면, 내가 선善을 택하여 받은 인정과 존중인지, 거짓된 것을 은닉하면서 받은 인정과 존중인지 식별이 필요합니다. 그러니, 이 구분을 위해 궁극적인 선이 무엇인지도 차차 알아가야겠네요. 점점 감정의 본모습으로 다가가는 중입니다.

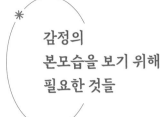

감정의
본모습을 보기 위해
필요한 것들

여기까지, 감정으로 다가가는 여정을 대략적으로 살펴보았습니다. 이해되지 않는 부분이 있더라도 괜찮습니다. 잘하려는 마음보다도 깊은 진심으로 마주할 수 있기를 바랍니다. 그리고 감정정화의 작용은 동시적으로 일어나니 깊은 진심이 한 곳에라도 닿으면 나머지 내용은 꿰뚫어질 겁니다.

다음 장으로 들어가기 전에, 감정의 본모습에 진심으로 다가가기 위해 우리에게 필요한 것들을 몇 가지 말해두고 싶습니다.

먼저, 해야만 한다는 마음이 우선이 아니어도 됩니다. 감정을 바라봐야 하고, 감정을 흘려보내야 한다는 마음보다도 지금 나의 감정은 어떤지 순수하게 다가가보세요. 그리고 물어보세요.

'감정이 정화되길 원하니?'

원한다면 원하는 대로, 아니라면 하고 싶은 마음이 들 때 해도 된다고 스스로 허용하는 겁니다. 허용의 마음이 먼저입니다. 의무를 가지거나 누군가의 조언이 우선이 되지 않아도 됩니다. 그렇다고 정화하지 않아도 된다는 건 아닙니다. 만약 정화하고 싶지 않은 그 상태에서 머무른다면, 그 또한 자신에게 필요한 여정이라는 의미입니다. 아마 지금 하고 싶지 않다면, 다음으로 흘러가기 위해 마음에 빈 공간을 내어보는 중일 겁니다.

마음은 수시로 관심을 기다립니다. 우리의 마음은 날씨에 비유되곤 합니다. 어느 한순간도 같은 구름이 없고 바람의 세기가 같지 않듯이 마음도 그렇습니다. 내면은 항상 새로운 마음을 알아주길 바랍니다. 마음을 살피는 초반에는 느낌을 알아차리려는 노력이 필요합니다. 그렇게 관심이 깊어지고 반복되면서 자신도 모르게 나의 마음에 진심이 흐르게 될 겁니다. 알아차림이 깊어지면 일상이 자연스러워지고, 아무 일도 일어나지 않는 듯이 지내지고, 말 그대로 일상이 아무렇지 않습니다. 일상에서, 아무 일도 없는 듯하면서, 자연히 이로운 방향으로 흐르는 거죠.

마음에 대한 관심이 깊어지면 자연스럽게 평온한 상태에 머물게 됩니다. 예를 들어서 과거에는 약속이 지켜지지 않으면 불쾌한 감정이 들었지만 이제는 그대로 받아들여지는 안정감을 체험하게 됩니다. 또 자녀를 제지하거나 억압하는 마음에서 다정한 마음으로 변화되고, 부부가 서로 불평하던 마음에서 사랑하는 마음이 됩니다. 직장 생활에서 동료와의 어려운 마음이 원활한 마음이 되고, 다른 이들을 시기하던 마음이 응원의 마음이 됩니다. 그로 인해 자녀 관계, 부부 관계가 좋아지고 직장 생활과 타인과의 생활도 원활해지는 현실을 만나게 됩니다.

이러한 마음의 변화는 내 안의 감정을 보살피는 관심에서 비롯됩니다. 그런데 감정에 관심을 가질 때 곧잘 빠지는 함정이 있습니다. 평온해지기 위해서 대단한 다짐을 하고 그에 따라 평온해진 내 모습을 기대하는 것입니다. 그러나 그 성취감과 만족감을 기대하는 순간, 이미 마음은 고요하지 않습니다. 마음이 요란하면 빠르게 해결하려는 행동으로 이어지고, 평온해지는 방법에 대한 자료들을 순서대로 나의 감정에 대입하며 문제풀이를 하듯 하게 됩니다.

감정에 관심을 가지는 것을 기능적으로만 접근하면, 그렇게 해결하느라 분주한 동안 한순간도 내 마음의 '지금'을 그대로 봐주지 못하게 됩니다. 평온을 소유하기 위해 그 마음의 '미래'를 생각하며 '현재'의 마음을 마주하지 못하기 때문입니다. 항상 감정에 관심을 가지는 나의 표정과 행동도 같이 떠올려보세요.

—⊕—

제가 추구하는 모습은 이렇습니다. 평온해지기 위해서는 '지금 내가 평온해지려고 하는구나.'라고 지금의 마음을 먼저 알아주는 정도면 됩니다. 이왕이면 계획을 세우지 않으면 좋겠습니다. 지금 이 순간의 마음을 알아주는 것이 항상 먼저이고 전부입니다. 꼭 기억해주세요.

그러면 평온해지려는 내 생각을 알아차리고, 느껴볼까요.
"평온해지려고 생각하니 좋은걸?"
마음이 잠잠해지고, 미소가 지어지네요.

자, 이 순간을 보세요. 이미 평온해지셨나요? 이 글을 읽는 순간에도 느낄 수 있을 겁니다. 이 평온함을 유지하고 싶다는 순수한 갈망이 이어진다면 진심으로 감정에 다가가는 중입니다. 감정에 대한 체계적인 계획은 평온의 맛을 떨어뜨리고 평온함에 대한 어떤 보상을 받고자 하는 욕망으로 또다시 불안을 불러올 수 있습니다.

마음에 대해 어떤 대가를 기대하지 않는 것이 가장 좋습니다. 어떤 조건 없이도 평온은 옵니다. 이 글을 읽으면서 이미 자연스럽게 원활해지고 있으니 걱정은 내려두세요. 우리의 허용과 관심, 진심은 '감정'을 가장 안심시키며 잘 드러나게 합니다.

다시 한번, 우리는 자신의 어떠한 감정이든 받아들일 수 있는 충분히 온전한 존재라는 것을 기억합시다.

오늘의 숱한 생각과 희노애락도 '나 체험'을 하기 위한 도
구였고, 내 소울이 선善을 선택할 기회였을 뿐이네요. 나는
오늘의 마음이 나의 진짜 모습이라고 착각하면서 내 감정
과 생각 펀치에 휘둘려 녹초가 되진 않았나요? 현실이라는
거품 속에서 허우적거리듯 말이죠. 감정과 생각인 마음은
허상입니다. 그럼에도 불구하고 마음의 거품이 지나간 자
리에는 내 소울의 진화와 감사의 발자취가 남는다는 것도
알게 됩니다.

오늘 하루를 잘 살아낸 자아에게 위로와 감사를 전해보며,
'참 나'에게 '오늘 하루는 얼마만큼의 선善을 택하며 진화했
니?'라고 진솔한 안부를 물어볼까요?

오늘 당신의 소울은 어땠나요?

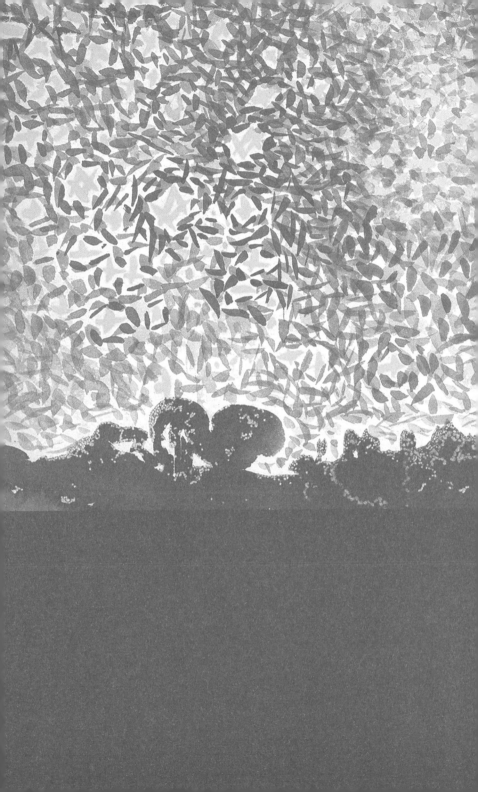

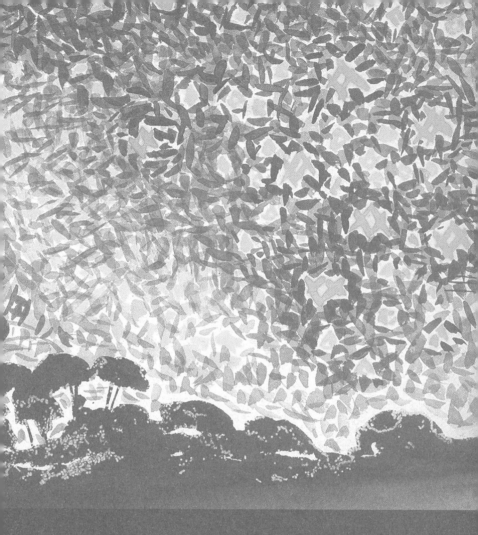

2장

생존 모드에서
심장 모드로

지금 나의 삶은

생존 모드 survive-mode 일까요?

심장 모드 heart-mode 일까요?

내 안의
나를
본다는 것

감정 정화의 관점은 오로지 내 안을 향해 있습니다.

현실이나 외부의 모든 것은 '나'를 이해하기 위해 활용되는 수단이라 보셔도 됩니다. 외부에서 보이는 사람들의 말과 태도 그리고 상황들은 모두 내 안의 소울을 돌보기 위해서 존재합니다. 어둡고 결핍된 나의 무의식을 정화하기 위한 소재들이기도 하지요. 그러니 외부로부터 오는 어떤 감정이 있다면, '아, 외부로부터 오는 이 감정은 나의 소울을 위해 무언가를 알려주려는 것이구나, 감정을 그대로 관찰해봐야겠다.'라며 이 순간을 알아차리면 됩니다. 다시 말해, 외부의 모든 것은 '나'를 돕는 친구죠.

또, '내 안의 나를 본다'는 말은 두 가지 의미로 볼 수 있습니다. 내 안의 내면아이를 포함한 '자아'를 보는 것과 내 안의 '소울'을 보는 것입니다. 여기서 소울은 '진정한 나, 영적인 나, 참 나, 신성인 나, 존재 자체인 나, 실재하는 나'와 같은 의미입니다.

　감정 정화에서 '내 안의 나를 본다'는 건 궁극적으로 내 안의 '소울'을 보는 것입니다. 여기서 같이 기억하고 싶은 건 내 안의 자아를 만나는 이유는 치유를 넘어 소울의 근원과 맞닿기 위해서라는 점입니다. 그래서 소울의 근원을 직접적으로 만나는 명상과 기도의 흐름을 추구하지만, 강요로 될 순 없습니다. 각자 다른 무의식이 쌓여 있는 만큼 내가 위치한 자리에서 알맞게 시작하는 것이 좋습니다. 이게 더 좋다, 저게 더 좋다는 식으로 단정 지을 때 생기는 분리와 대립이 오히려 자아를 크게 만듭니다. 감정 정화 수련이 이어질수록 자아가 예민하게 느껴지는 동시에 소울과 맞닿는 직관도 빨라집니다. 점점 '소울의 근원'을 느끼는 상태가 더 많아지게 되는 거죠. 이 과정 중에 지난날과는 달리 평온함이 밀려든다면 이 평온한 상태에 그대로 나를 두면 됩니다. 더 이상 자아를 붙잡지 않고 자연히 내려놓게 되겠죠. 이때는 자아를 의식할 필요가 없어질 테니 말입니다.

　그러나 수련이 없는 우리의 일상이라면 소울의 근원을 만나는 데 많은 방해를 받고, 대다수의 현실 속 사람들은 내면 자아의 위로도 필요하니까요. 여기서는 먼저 내 안의 '자아'를 보는 것으로 감정 정화되는 사례를 적어보겠습니다.

—⊸—

"엄마는 그게 뭐가 그렇게 서운하다고."
친정엄마에 대한 정화 여정 |

한 시간 남짓 낮잠을 자고 일어난 어느 날이었습니다.
'힘이 없네. 그래도 낮잠을 자고 나니 몸이 편해. 저녁은 뭘 먹을까. 아이들은 벌써 학원에 다녀왔구나.' 생각들이 이어지면서 잠시 앉아 눈을 감고 몸을 추스르고 있었습니다. 그러다 한숨이 나오면서 며칠 전 친정 엄마와 통화했던 내용이 떠올랐습니다.

통화하는 도중에 이런 말이 불쑥 튀어나왔습니다.
"엄마, 우리 집은 '사랑'을 강조하진 않았잖아요."
이 말을 듣고 엄마는 잠시 침묵하더니, 마음이 무겁다고 했습니다. 그리고 다음 날, 언제나 그렇듯 엄마는 제게 부드러운 목소리로 말씀하셨습니다.
"네가 어제 우리가 '사랑'을 말하며 키우지 않았다고… 이웃을 만나면 인사 잘해라, 이 정도만 했다고 했잖니?"

그런데 수화기 너머로 들리는 엄마의 그 말이 생각지 못하게 제 마음을 흔들었습니다. 저는 대응하듯 이렇게 답했습니다.

"엄마, 그 말이 그렇게 서운했어요? 우리가 왜 사랑을 안 받아요. 엄마, 아빠랑 지내온 게 사랑이죠. 그냥 이것저것 얘기하다가 나온 말이에요. 봉사해라, 베풀어라, 이런 말을 강요받지 않고 자랐다는 거죠."

웃으며 말했지만 저의 말은 빨랐고 역정 난 마음을 토해낸 것이었습니다. 엄마가 천천히 말을 이었습니다.

"그러니? 네가 인사 잘하라고만 하면서 키웠다고 하길래. 인사 잘하는 게 모든 마음과 행동의 기본인데…."

그런데 순간, 그 말을 듣기가 힘들었습니다.

"엄마는 그게 뭘 그렇게 서운해요? 우리는 사랑받고 잘 자랐어요. 내가 말한 사랑은…."

그렇게 내 얘기만 하고는 통화를 마쳤습니다. 전화를 끊으며 뭔가 잘못되었다는 느낌이 들었고, 엄마의 서운한 마음을 듣지 않았다는 후회도 있었지요. 그래서 마음을 진정시키고자 엄마와 메시지를 주고받으며 대화를 마무리 지었습니다.

그런데 오늘 낮잠을 자고 일어나 눈을 감고 있는데, 이 순간에 대해서 저의 내면의 '고독이'가 선명하게 올라옵니다. 고독이는 제가 저의 자아에게 붙여준 이름입니다. 통화할 때 엄마에게 했던 말이 마음에 걸렸던 거겠죠. 진정이 되었다고 생각했고 그리 큰일도 아니었다고 여겼는데 말이죠. 엄마에게 '엄마는 뭐가 그렇게 서운하냐'고 말하던, 인상을 찌푸리는 고독이가 보입니다. 부끄럽기도 하지만 고독이의 말을 더 들어보고, 다독여주기로 합니다.

"엄마의 말에 기분이 나빴구나. 사랑으로 안 키웠다고 오해하면서 서운해하는 엄마가 야속하고, 네 마음을 엄마가 몰라주는 것 같아서 그러니? 엄마는 엄마 서운한 것만 생각한다니까."

오직 고독이 편에 서 있는 순간이었어요. 순간적으로 내 편이 있다는 안심이 들어 마음이 부드러워졌습니다. 그런데 이어서, 생각지도 못한 고독이가 튀어나와 저에게 말합니다.

"근데 너는 엄마가 편하다고 네 말만 하잖아. 엄마 얘기 제대로 들어본 적이나 있니?"

이 말에 얼굴이 화끈거립니다.

"엄마 마음을 제대로 들어본 적 있어? 있다고 해도 그건 최근이지. 그전엔 너 힘들다고 아무 때나 불쑥 전화하고, 메시지 보낼 때도 네 마음이 어떻다느니, 오늘 업무에 좋은 평을 받아 기쁘다느니, 남편이랑 애들이랑 같이 맛있는 걸 먹었다느니 온통 네 얘기만 했잖아. 그 말을 듣는 엄마 마음은 생각해봤니? 너는 항상 네 소식을 엄마한테 통보하기만 했잖아. 엄마가 네 뒤에서 매번 잘했다, 역시 내 딸이지, 훌륭하다며 웃는 얼굴로 응원만 해주는 분이니? 엄마도 기분이 가라앉을 때가 있어. 엄마 마음 사정 좀 살펴가며 얘기해, 제발."

뜨끔한 심경은 한숨과 함께 풀이 죽었습니다. 잠시 후 그 말을 그대로 쫓아 과거의 어느 날이 떠올랐습니다. 사회생활을 시작하게 되어 부모님 집을 떠나던 날이자 출근을 앞두고 새로운 집에서 보내게 된 첫날 밤이었습니다. 엄마와 둘이 치킨을 먹으며 회사 생활에 대한 희망과 두려움을 이야기했지요. 그 장면이 드리워지며 가슴이 먹먹해집니다. 세상이 정지된 느낌입니다. 아마도 그날 이후, 저는 그렇게 엄마 마음을 제대로 듣지도 못하고 사회에서 만난 사람들에게만 인사하느라 바쁘게 지냈던 것 같습니다.

사랑하는 엄마를 대했던 저의 태도가 부끄러웠습니다. 저항하듯이 '내가 일부러 그런 것도 아니잖아.'라고 고독이에게 몇 차례 대꾸했지만 고독이의 말이 전부 맞는다는 걸 이미 알고 있었습니다. 고독이의 말은 지나치게 직설적이었지만 절대적으로 받아들여졌습니다. 언제나 내 상태가 어떤지를 먼저 물어봐주시는 엄마인데, 저는 안부를 묻는다는 명목으로 인사만 할 뿐 엄마의 답신을 제대로 듣지 않았습니다. 세상을 조금 다시 보게 되었다며 겨우 몇 해 전부터나 진심으로 들었을까… 급기야 고개를 숙이며 훌쩍이게 되었어요.

'엄마, 제가 너무 철이 없어요…. 나름대로 엄마 안부를 묻는다고 전화도 하고 메시지도 보냈지만, 진짜 엄마 마음이 어떤지는 듣질 않았어요.'

그렇게 그대로 받아들이며 엄마에 대한 감사와 사랑이 더 짙게 느껴졌습니다. 나아가 사람들과 소통을 할 때 내 얘기를 앞세우기 전에 진심으로 상대의 안부를 먼저 물어보고, 들어봐야겠다는 배움도 있었습니다.

오로지 나를 본다는 것은 이렇게 내 안의 '자아'를 절대적으로 수용하기 위함입니다. 그로써 곧 찾아드는 화해의 마음을 느끼게 됩니다. 진정한 화해는 선善과 평화로 이어지니 이것이 곧 정화이자 내 안의 '진정한 소울'을 만나는 길입니다. 우리가 평온하고 풍요롭게 산다는 것은 그 무엇을 소유해서가 아니라, 쌓인 감정이 정화되면서 평온한 본래의 모습이 자연히 드러난다는 의미입니다.

생존 모드에서
심장 모드로
변하는 삶

감정 정화는 화해 '해야 하는 것'이 아닌 '하게 되는 것'입니다. 우리의 존재 자체가 '되는' 내적인 흐름입니다.

   저의 경우는, 고통스러운 하루하루를 보내던 중 갑자기 '다른 삶을 살고 싶다'는 강한 갈망이 들면서 내적 흐름이 시작되었습니다. 사람들과 관계 맺는 방식, 일하는 방식, 성장하는 방식, 휴식하는 방식 등 인생의 전반적인 소통에 대해 과거와는 완벽히 다른 길을 선택하고 싶었습니다. 예전과 달리 더 엄격한 기준을 두어야 하는 것이 아니었습니다. 오히려 내 안의 모든 기준을 버려야 하는 것이었습니다.

저는 이것을 생존 모드survive-mode에서 심장 모드heart-mode로의 변화라고 말합니다. '살아내야만 한다'는 생존 의식에서, '살아가기에 이미 충분히 주어졌다'는 충만한 의식으로 바뀌었습니다. 심장에서 솟는 진심 어린 평온함이었습니다.

우리는 평화와 행복을 외부에서 들이기도 하지만, 진실한 평화와 행복은 내 안에 있습니다. 내 안의 평화는 밤하늘의 우주나 고행을 하는 영성가의 삶에 있지 않습니다. 그것들은 모두 나의 외부이며 이를 통해 내 삶을 이해하는 데 도움은 받지만, 나 스스로 '존재가 되는 것'과는 다른 것입니다. 만약 지금 나의 부족함에 대해 분석과 이해 사이를 쳇바퀴 돌듯이 하고 있다면 이 또한 평온한 상태가 아닙니다. 이해 안에는 근원적인 행복과 평온이 있지 않으니 찾아 헤매지 않아도 됩니다. 우리는 더 이상 나를 이해하는 것이 아니라, 존재 자체가 되면 됩니다.

어느 스님이 절에서 동자승과 지내는 생활이 방송된 적이 있습니다. 어른인 스님과 달리 어린 동자승에게는 교리 배움에 대한 체계적인 계획이 있지 않고, 서로 희노애락을 마주하는 생활 속에서 배우게 되는 것이라고 했던 인터뷰가 떠오릅니다. 우리의 평온 또한 외부를 살펴보는 것이 아니라 어린 동자승처럼 내 생활을 진심으로 살아낼 때 찾아옵니다.

지금 몇 차례 호흡을 가다듬으며 내가 앉아 있는 이 자리가 안전하다는 걸 느껴보세요. '해야만 한다'는 자아보다는 '그렇게 되는' 존재의 안정감에 좀 더 관심을 기울여봅니다. 나는 진심으로 평온한 상태가 되고 싶은지, 나는 어떤 상태를 좋아하는지 떠올려봐도 좋겠죠.

우리가 과거에 어떤 사람이었는지는 크게 중요하지 않습니다. 지금의 마음에 따라 내 안의 자아가 수용되고 위로되면 됩니다. 그리하여 결국 '소울'이 선택하는 곳으로 나아가면, 오직 지금 여기서 다시 새롭게 살 수 있게 됩니다.

이러한 변화를 조급해하지 않아도 됩니다. 지금 이 글을 읽는 것만으로도 충분할 수 있습니다. 우리에게 지금 필요한 건 재촉하거나 비교하지 않을 여유임을 다시 상기해봅니다. 또한, 내 '자아'를 만족하는 '변화'란 없습니다. 진정한 변화는 자아의 욕구가 아닌 소울의 변화에 있으니 욕구는 잠시 자아 침대에 눕혀두고, 지금 내 안의 온전함을 느껴보는 데에서 기쁨을 느껴봅시다.

'다른 삶을 살아야만 한다'는 마음 대신 '다른 삶을 살게 된다'는 자연스러운 유유함을 체험해보세요. 그렇게 당신은 진정 자유로워질 것입니다.

겉모습이 아닌
마음을 먼저
본다는 것

내면의 폭풍이 잠잠해지면서 내 마음에 좀 더 관심을 가지기 시작하던 무렵이었습니다. 거리의 사람들은 모두 잘 지내는 듯 보였습니다. 그 안에서 나만 세상과 동떨어진 기분이라 괴로운 마음도 들었습니다. 그러나 얼마 지나지 않아 사람들의 겉모습과 내면이 똑같지는 않음을 선명히 느끼게 되었습니다. 모두가 또다른 자신을 어깨에 얹어 데리고 사는 형상으로 보였어요. 버거울 법도 한데 사람들의 겉모습은 생각보다 괜찮아 보였습니다. 다른 사람들이 보기에 저도 그런대로 잘 지내는 듯한 모습이었겠지요. 그렇게 겉과 속이 다른 내 자신이 꽤 낯설었지만, 지금 생각하면 한편으로 감사한 마음도 듭니다. 모두 들켜버리고 싶지는 않았으니까요.

누군가를 사랑하고 싶다면, 겉모습보다도 그 사람의 마음 흐름을 보는 것이 중요하다는 말을 전하고 싶어서 서두가 길었네요. 진부한 말 같지만 우리는 겉모습이 전부가 아닙니다. 내면의 마음만이 바로 그 사람입니다.

연인과 부부가 '마음'을 중심에 두고 봐야 하는 이유입니다. 외적인 것도 적당히 기준으로 두면서 마음을 본다는 것은 엄밀히 따지자면 어긋난 말입니다. 받아들이기에 따라 조금 다를 수 있지만, 진심으로 '마음'을 보게 되면 외적인 기준을 둘 필요도 없이 이미 마음에서 결정이 나기 때문입니다. 마음이 사기꾼이라는 것을 보았는데 외적인 조건이 좋고 나의 욕구가 채워진다 하여 타협하진 않을 테니까요. 만약 서로가 그렇게 선善으로 가장하여 타협한 경우라면 이미 서로는 서로에게 수단에 불과할 겁니다.

배우자를 선택할 때도 그렇습니다. 배우자의 조건이 상대의 집안이었다면 훗날 집안 때문에 어려움을 겪게 되고, 물질이었다면 물질로, 출세와 명예라면 출세와 명예로, 나이라면 나이로, 착한 성격이었다면 착한 성격으로 어려움을 겪습니다. 절대적인 배우자 조건을 둘수록 나의 고통의 주제는 예견된 셈입니다. 이것은 세대를 넘어서 겪기도 합니다.

또 다른 관점으로도 볼 수 있습니다.

내가 강하게 끌어 잡은 조건일수록 나의 무의식의 강한 결핍과 관련된 욕구입니다. 이 욕구의 조건에 맞는 사람을 곁에 두었다는 건 결국, 나와 어두운 면이 같은 또 다른 나를 곁에 두게 되는 것입니다. 최종적으로는 서로를 거울삼아 각자의 소울이 정화되기 위한 목적으로 짝이 된 거죠. 서로의 못마땅한 부분을 보며 자신을 볼 수 있길 바라는 삶의 원리이지만 일상에서는 알아차리기도 어렵고, 안다고 하여도 내 자신을 보기가 참 어렵습니다.

결혼을 한 후, 훗날 배우자에 대해 공통된 말을 합니다.
"그때는 그런 사람인지 몰랐지."
자신이 얼마나 상대의 마음을 제대로 보지 못했는지를 보여주는 말입니다. 물론 함께 살아가면서 얼마나 선善을 바탕에 두고 화해하는지에 따라 정화되는 정도도 다를 수 있습니다. 그러니 완벽한 배우자를 찾으려고 하기보다 함께 살아가며 마주할 크고 작은 굴곡 앞에서 얼마나 선을 기준으로 두고 서로가 화합하여 나아갈 수 있는지가 중요합니다.

혹시 이 내용을 읽으며 걱정이 올라온다면 그 마음을 알아차리는 것부터가 정화의 시작입니다. '생각해보니 내가 상대를 조건으로 선택했는데 앞으로 어려움이 닥치면 어쩌나, 라는 걱정을 하네.' 또는 '그러면 내 마음에 드는 사람을 못 만날 것 같은데, 어떻게 하라는 건지 모르겠다, 는 생각이 드네.'라는 식으로 지금 올라오는 마음부터 알아주면 됩니다. 가능하다면 그런 내면과 대화를 나누며 걱정하는 마음을 그대로 알아주고 위로하며 '이제부터라도 상대를 선^善으로 대해야지. 상대도 나에게 그랬으면 좋겠다.'라는 진심의 갈망까지 이어진다면 걱정하지 않아도 됩니다. 왜냐하면 수용과 위로, 갈망이 정화의 여정이기 때문입니다.

—⊙—

상대의 마음을 보는 일은 내 마음을 보는 데서 시작됩니다. 나를 먼저 보라는 말은, 나만 잘살 궁리를 하면서 이기적인 생활을 하라는 것이 아닙니다. 또 상대에게 어떤 일이 있든 그가 알아서 하겠지, 하고 방관하면서 상대에게 관심을 가지지 말라는 것도 아닙니다. 내 마음을 먼저 본다는 의미는 '상대에게서 보이는 외부의 모습이 내 마음 안에 있는지 돌아보라'는 의미입니다. 만약에 상대의 마음에서 '이기심'을 보게 되었다면, '이기심'을 내게로 가져와서 비추어보는 겁니다. 내 안에서 '이기심'을 검색해본다고 표현할 수 있겠네요. 이렇게 외부의 모든 마음은 내 마음을 보여주는 거울이 됩니다.

지금 내 안에서 '이기심'을 검색해볼까요?

내 안에서 이기심을 찾지 못했다면 우선은 '나는 이기심이 없는 것 같아.'로 마치면 됩니다. 그러면 다음에 다시, 내 안의 이기심을 알게 될 어떤 인생의 기회를 마주하게 될 겁니다. 그런데 되도록 지금 내 안에서 이기심을 볼 수 있어야 상대에 대해 '불평'이라는 어두운 감정을 가지지 않을 수 있겠죠. 나는 이기심이 없는데, 어째서 저 사람은 저런 이기심을 가지고 있는 건지 불평으로 흘러가지 않을 수 있다는 의미입니다.

불평이 된 어두운 감정은 다시 내 현실에 찾아온다는 점도 기억합시다. 또 '불평을 하는 내 감정'을 알아차렸다면 한층 더 내려가서 나의 '불평'에 대해 자아와 대화해보면서 진심으로 정화되는 기회를 가지면 됩니다. 그렇게 가까이에서 보이는 외부 상대의 마음은 내 마음의 거울이니 무엇이라도 고마운 것이죠.

지금 스스로 못마땅한 감정이 있나요?

조급한 마음이 있나요?

뭔가를 끊임없이 해야 할 것 같은가요?

아무것도 하고 싶지 않은 무력감이 있나요?

이러한 마음으로 인해 스스로가 부족하고 못나 보이나요?

순간적으로 이러한 마음은 내 안에 없다고 단정 지을 수 있습니다. 그런데 내 안에서 볼 수 있어야, 상대의 마음이 보이고 이해될 수 있습니다. 부정적이고 나쁜 것이라 여기고 '나는 그런 사람이 아니야.'라고 거부하기만 한다면, 힘든 사람을 이해하는 마음의 폭이 좁아지겠죠. 내 안을 넓고 깊게 본 만큼, 세상을 넓고 깊이 볼 수 있습니다. 나아가, 내 안에 없는 것은 세상에도 없습니다. 내 안에 애정과 보듬는 마음이 있어야 세상을 향한 애정과 보듬는 마음이 흘러나옵니다. 사랑도 그렇습니다. 내 안에서 있는 그대로의 나를 볼 수 있는 만큼만 상대를 볼 수 있습니다. '나는 사랑이 가득한데, 저 사람은 사랑이 없어.'라는 말은 소울의 관점에서 보면 어긋난 말입니다.

외부의 그 사람을 보는 마음은 내 마음을 바라본 깊이의 정도입니다. 이것은 나와 비슷한 정도의 파트너나 배우자를 만나게 되는 관계의 원리로 이어집니다. 어떤 외적인 조건보다도, 상대를 보는 것보다도, 내 안의 나를 우선 보도록 갈망해봐야겠습니다.

'있는 그대로 보기'를 방해하는 것, 분리된 마음

내면의 소리를 듣는 것이 중요하지만, 사실 현실에서는 내 마음을 있는 그대로 보는 것이 잘 안 되지요.

다시 한 번, '내 안을 본다'는 것이 무엇인지 살펴봅시다. 예로 '지금 나는 화가 나. 다른 사람한테 무시당했어.'라는 생각이 든다고 해볼게요. 이런 심경이라면 내 안을 보는 것이 아닙니다. 외부의 말과 행동에 반응하고 있을 뿐이죠. 나는 지금 기분이 나쁘고 화가 나는데, 그 이유가 외부 타인의 행동에 있습니다. 이것은 정화를 향한 과정이 될 수는 있지만 정화는 아닙니다.

상대가 나를 얼마나 무시하는지, 어떻게 무시하는 말과 행동을 했는지를 거듭 생각하고 말하면서 화 안에서 헤어 나올 수 없게 됩니다. 생각과 감정의 연쇄 고리는 끈질깁니다. 도저히 이 마음을 견디기가 어려워 친구에게 전화를 해서 그가 나를 어떻게 무시했는지에 대해 일종의 설득을 합니다. 그 사람의 과거 속에서 또 다르게 무시하던 모습도 꺼내어 지금의 근거로 삼아 이야기를 합니다. 그럼에도 내 마음에는 평화가 오지 않습니다. 왜냐하면 상대방이 얼마나 무시를 잘하는 사람인지, 못마땅함의 고리에 고리를 이으면서 나는 점점 더 깊은 화 구덩이에 빠지기 때문입니다.

이런 모습이 바로 외부에 시선을 두고, 내면을 보지 못하는 태도입니다. 지금 내 안의 '화가 난 마음'을 보기보다 상대에 대한 괘씸함에 초점이 맞춰져 있지요.

지금 이 순간의 내 마음을 있는 그대로 알아준다는 것은 이런 흐름입니다. 같이 읽어볼까요?

"내가 화가 났구나. 속상하다. 그치?"

내면에 말을 걸 때 상대에 대한 생각으로 초점이 이동되지 않는 것이 핵심입니다. 다른 생각들은 자아 침대에 눕혀두고, 내 감정으로 들어가야 하죠. 무시하는 상대의 태도보다 내 안이 속상함과 어둠으로 채워진 것이 더 중요합니다. 상대로 초점이 가더라도 반복해서 내 안의 감정으로 다시 돌아와야 합니다.

그런 내 안의 마음은 어떤 상태인지 잠시 감지해볼까요? 초라한 느낌, 서운한 마음이 들면서 동시에 상대에 대한 괘씸함이 또 올라옵니다. 상대가 얼마나 미운지 자꾸만 '너나 잘하시지.'라는 분리되는 마음이 들 수도 있습니다. 이렇게 내 안의 마음을 보는데 또 방해가 들어온다면 어떻게 할까요?

방해하는 마음 |

'아니! 안 되지. 외부로 초점을 돌리지 말고 내 감정으로 돌아와야지.'라고 나를 꾸짖으며 '평온한 마음 가지기 되게 힘드네.'라고 불평의 형태로 방해할 수도 있습니다. 이 생각의 고리가 이어지면서 걱정이 커질 수 있습니다. 그러나 이때에도, 이 마음을 그대로 다시 알아주면 됩니다.

'아니! 안 되지. 외부로 초점을 돌리지 말고, 내 감정으로 돌아와야지, 라고 나를 꾸짖네. 게다가 평온한 마음 가지기 되게 힘들다고 불평도 하고 있잖아?'라고 거듭 내 마음을 알아줍니다. 그리고 그것을 알아차리면서, '그럴 수 있는' 자신을 받아들이는 겁니다. 여기까지가 감정 정화의 관찰과 수용의 흐름입니다. 만약 일상의 대화에서 가까운 사람에게 내가 받아들여지는 경험이 있다면 더욱 자연스러울 겁니다.

여기서 오해할 수 있는 점이 있는데, 이렇게 내 안의 꾸지람과 불평을 받아들인다고 해서 그것이 옳고 좋다는 것이 아닙니다. 계속 불평을 해도 괜찮다는 것 또한 아니죠. 지금 이 순간 찾아온 꾸지람과 불평의 감정을 그대로 보라는 것입니다. 꾸짖더라도 그런 자신을 먼저 알아차리면서 '외부로 초점을 돌리지 말자!' '불평을 할 수도 있지.' '평온한 마음을 가지는 거 힘드네.'라고 그런 자신을 먼저 받아들이라는 것입니다. 그렇게 충분히 보게 되면, 저절로 받아들여지면서 다시 꾸지람과 불평에 대해 다른 어떠한 마음이 생깁니다. 마음은 날씨처럼 항상 변하니까요.

내 안을 보고 있을 때 방해하는 마음이 생기면, 그 방해하는 마음을 그대로 또 알아주면서 다시 내 안으로 돌아오려는 흐름이면 됩니다. 이런 패턴을 거듭 반복하면서 불평하며 분리되려는 마음을 하나의 흐름으로 묶는 겁니다. 처음에는 내 안에만 머물기가 어려울 수 있고, 또 인간은 내 안에서만 깊이 머물기는 힘든 일이니, 언제나 허용의 여지도 함께 두시면 좋겠습니다.

마음이 평온해진다는 것은 평온을 향한 마음과 방해하는 마음이 공존한 채 하나의 패턴으로 오르락내리락 일렁이기를 반복되면서 큰 바다로 흘러드는 것과 같습니다. 즉 분리된 마음을 포함하여 하나의 마음으로 마주하는 것이죠.

이렇게 감정을 바라보려는 것은 진심의 흐름을 느끼기 위함이지, 감정 정화 훈련을 최우선에 두는 것은 아니라는 점도 기억합시다.

'있는 그대로 보기'를 방해하는 것, 애착이 깊은 마음

이번에는 애착이 깊은 마음으로 인해 방해가 되는 예를 들어보겠습니다. 깊은 애착이 있는 곳은 '나라는 생각'이 많이 묻어 있는 곳이고, 그만큼 두려움이 많이 깔려 있다는 의미입니다. 특히 '나'와 애착이 깊은 '건강'은 조심스럽기도 하지만, 건강해질 수 있기를 기원하는 마음으로 정화 흐름을 말해보려 합니다.

우리는 건강이 '나의 것'이라고 생각합니다. 내 몸이 건강하면 내가 잘 관리해서 건강한 것이라고 여기고 안 좋으면 내 탓과 더불어 조상 탓까지 하며 걱정에 무게를 싣습니다. 그만큼 건강에 대한 애착은 우리의 뼛속 깊은 곳에 연결되어 있습니다. 그러나 한편으로 '건강'을 외부의 어떤 것으로 볼 수 있다면 지금 이 순간 '질병이 있는 몸'에게 할 수 있는 말이 있을 겁니다. 현실적으로는 검진을 제대로 받고, 알맞은 처방약을 복용하면서 나의 내면을 살펴보는 것입니다.

화의 감정을 관찰하는 것과 같은 맥락입니다. 단지 건강에 애착이 깊은 것일 뿐 '화가 찾아왔구나.'처럼 '질병이 찾아왔구나.'라고 그대로 바라볼 수 있다면 자유를 느끼는 시작이 될 겁니다.

방해하는 마음 |

'몸이 아파서 큰일이야. 이렇게 큰 병이 낫긴 힘들 거야. 어쩌지? 울고 싶고 겁이 나.'

불안에 빠져 있습니다. 그리고 각종 도움이 될 정보를 찾아보고 건강을 회복하기 위해 최선을 다합니다. 질병에 대한 두려움과 불안으로, 달궈진 그릇 위를 걷듯이 쫓기는 형상입니다.

'당연한 거 아닌가? 큰 병에 걸렸는데 어떻게 불안하지 않을 수 있어?'

마음이 불편해질 수도 있습니다. 건강해질 정보를 찾고 회복하기 위해 노력하는 것이 잘못되었다는 것이 아니라, 노력하는 동시에 질병에 대한 마음을 떼어내어 그대로 보는 데 초점이 있습니다. 대부분은 질병에 대한 마음을 살피기보다는 두려움을 안고 외적인 건강을 쫓는 모습이기 때문입니다.

다시, 감기에 걸렸을 때 나의 모습을 살펴볼까요? 감기는 큰 질병보다는 이해의 여유가 있을 테니까요. 감기를 그대로 보지 못하면 '감기에 걸려서 큰일이네.'라고 걱정에 빠지고, '하필 내일이 결혼식인데 망했네. 운도 없지.' 혹은 '지금 아프면 어떻게 해. 이번 프로젝트가 얼마나 중요한데 일은 도대체 누가 한단 말이야.'라는 생각으로 이어질 수도 있습니다. 감기는 방해되고 걸리적거리는 존재로 더 못마땅하게 여겨지죠. 그러나 아래와 같이 해본다면 어떤 느낌이 드는지 감지해보세요.

관찰하며 거듭 내 마음 알아주기 |

'감기가 찾아왔구나.'

잠시라도 내 몸을 쓰다듬으며 인사를 건네봅니다. 내 몸에 찾아온 무엇이든 먼저 그대로 바라보는 겁니다. 타인의 어떤 말이든 먼저 그대로 들어야 경청이 되듯이 몸의 소리를 들어보는 겁니다. 이렇게 인사를 건넨 다음에는, 이제 어떻게 하고 싶으세요?

'감기'를 초대해서 따뜻한 말을 건네며 먹거리도 내어줄 수 있고 또는 손을 휘저어 내쫓을 수도 있겠죠. 어쩌면 감기가 찾아온 동안 두 행동을 다 해볼지도 모르겠네요. 감기라는 대상을 정확히 볼 수 있다면 각 상황에 알맞게 행동하게 될 것입니다. 지금 말하고 싶은 건 감기를 그대로 알아주었을 때 내 마음에 불안과 두려움이 덜하다는 것입니다. 이것이 중요한 이유는 이때 '용기'가 함께 찾아오기 때문입니다. 불안과 두려움을 지닌 채 '건강해질 거야.'라는 긍정의 마인드를 선택할 수도 있지만, 불안과 두려움을 내려두면 저절로 긍정의 마음이 스미고, 이것이 진정한 용기라고 할 수 있습니다.

'이런 아픔이 내게 찾아왔네.'

이 생각이 잠시라도 스쳐 지나간다면 붙잡아보세요. 그리고 몇 번 마음으로 되뇌어보세요. 물론 병명에 휩싸여 불안으로 동요될 수 있지만 이 마음 또한 그대로 바라보며 알아줘봅니다. '내게 아픔이 찾아왔어. 아픔이 왔구나. 이 병명이 나를 아주 요동치게 하는구나.'라고 말하며 잠시 그런 나를 스스로 위로해줘도 좋습니다. 또 어떻게 대화할 수 있을까요?

'많이 불안하지? 처음 만나는 이런 아픔이 얼마나 불안할까?'

'가족들이 걱정할 것 같아 더 속상하구나. 어린 자녀와 사랑하는 배우자, 부모님까지 나로 인해 얼마나 슬퍼하실지, 너무 걱정이야.'

'치료의 고통을 겪고 싶지 않구나. 내가 그렇게 잘못 살아왔는지 억울하고 말이야.'

'이 세상에서 더 살고 싶어 하는구나.'

무서워하며 울고 있을 나를 충분히 위로해주세요. 무서운 감정에 휩싸이는 것과 그런 나를 감정에서 분리하여 대화를 하는 건 다른 마음가짐입니다. 되도록 이 시간에는 혼자 있기를 권합니다. 그러나 평온으로 향하게 도와줄 친구와 어루만짐을 함께해도 좋지요. 처음에는 특히나 이런 건강의 불안에서 헤어 나오지 못할 수도 있는데, 그럼에도 내 마음과 대화하며 지내보세요. 물론 복용할 약과 건강한 생활을 병행하면서 말입니다.

인간은 언제나 같은 상태로는 계속 있을 수 없습니다. 어쩌다 변화의 소리를 놓쳤을 수도 있지만 그 와중에도 항상 변하죠.

나의 질병에 대해 충분히 위로가 되었다면 분명히 마음이 잠시라도 안정이 되면서 희망이 같이 찾아올 겁니다. 이것을 느낀다면 예민하게 반응해서 '희망'을 얼른 붙잡아봅니다.

'이제 그만 울고 싶어.'
'할 수 있는 만큼 용기를 내서 마주하고 싶어.'
'내 곁의 소중한 이들도 내가 계속 슬퍼하길 바라진 않을 거야.'

말을 하거나 메모를 하여 시각화하면 좋습니다. 그리고 이런 희망에 위로와 갈망과 축복을 느낄 수 있습니다.

'건강한 내 몸이 떠올라. 그동안 수고한 내 몸에게 고마워.'

이렇게 희망과 축복으로 채워진다면 불안과 어두움이 걷어지고 마음이 밝아질 겁니다. 이 자체가 치유입니다. 이 내용을 내 마음으로 가져와 희망과 축복을 채우기까지 나를 꾸준히 그대로 바라봅시다.

이 과정에서 한 가지 말씀드리고 싶은 건, 이때 신체적 고통을 느껴선 안 된다든지, 억지로 참으며 축복의 말을 하라는 것이 아닙니다. 아픔의 소리도 지를 수 있고, 한탄의 눈물을 흘려도 됩니다. 단, 이 통증의 한 고개를 넘어 쉼이 생겼을 때의 마음가짐을 이야기하는 겁니다.

———✦———

한때 발이 아파서 꼬박 한 달 동안 한의원을 다닌 적이 있습니다. 그전에 정형외과도 가고 그에 따른 치료도 했지만 호전되지 않아서 은근히 걱정이 되더군요. 절뚝이며 걷는 것도 하루이틀이지, 달리거나 운동하는 데 지장이 많아지면서 일상이 마비가 되었습니다. 다른 쪽 다리에 근육통도 오고, 점점 신발이 무겁게 느껴졌습니다. 병원에 다니고 약을 먹는데도 차도가 없으니 '이러다가 안 나으면 평생 이렇게 살아야 하는 건가.' 하는 두려움이 몰려왔지요. 두려움이 커진 그제야 알아차렸습니다. '금방 낫겠지. 이 정도는 괜찮아.'라며 회피하던 제 마음을 말이죠.

'아, 진짜 무섭고 겁이 나, 발이 제 기능을 못하게 되면 어쩌지, 라고 생각하고 있구나.'

먼저, 두려운 그 마음을 충분히 느끼는 시간을 가졌습니다. 그러고 나니 '그동안 얼마나 걱정됐니, 차분히 회복하려 노력해온 게 참 대견하고 이렇게 내 마음을 알아주니 참 고마워.'라며 토닥이게 되었습니다. 그리고 아픈 발에 손을 대어 어루만지며 말을 건네고 싶어졌습니다. 더 일찍 알아차렸더라면 좋았겠지만 이제라도 이렇게 아픈 발에게 말을 건넬 마음이 생겼다는 감사로 더 채워졌습니다.

'내 발아, 그동안 얼마나 수고가 많았니. 지금껏 얼마나 여기저기 다니며 고생했을까. 최근에는 매일 장시간 운전하며 고생하고, 특히 십수년 간 굽이 높은 구두와 예쁜 구두를 신느라 발 모양이 찌그러지면서까지 말이야. 발뒤꿈치도 까지고 피도 나고 너무 아팠지?' 말을 건네며 아픈 부위를 쓰다듬는데 자녀를 돌보는 약손 같았습니다. '참 고마웠어. 그리고 미안해, 사랑한다.'라고 온 마음을 다해 고마운 마음을 전하니 한결 안전해진 기분이 들었습니다. 이 흐름이 아픈 발에 대한 정화입니다.

얼마 지나지 않아, 이런 방법을 여태껏 왜 몰랐을까 싶을 정도로 발이 편안해지는 운동법과 치료법을 우연히 알게 되었습니다. 꾸준히 따라 하며 훨씬 빠르게 치료되었지요. 평온하고 안전한 마음이 주는 회복의 기쁨이었습니다. 이후에도 다른 신체적 아픔이 있었을 때 저는 마음을 우선으로 돌보는 습관이 생겼습니다.

잠자리에 누워서 하루 동안 수고한 내 몸에게 따스한 말을 건네보는 것도 좋습니다. 심장, 폐, 위, 신장, 췌장 등을 의식하며 말이죠. 이것이 질병에 대한 정화로써 전부는 아니지만 몸과 마음은 같은 뿌리임을 다시 한 번 상기하게 됩니다. 몸만큼이나 마음도 소중하고, 마음만큼이나 몸도 소중합니다.

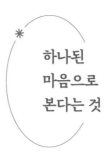

하나된
마음으로
본다는 것

'진심'이란 거짓이 없는 참된 마음입니다. '하나된다'는 것은 '진심이다, 진심이 아니다'로 분리된 상태가 아니라, 그런 대립된 생각이 없이 감동과 평온, 감사와 사랑 같은 고양된 감정과 일치된 상태입니다.

　만약에 '내가 이제부터는 배려를 해야겠다.'라고 다짐하고 행동을 한다고 해볼까요? 이러한 다짐은 배려하는 태도까지는 지닐 수 있지만 배려하는 마음 자체가 되는 것은 아닙니다. 내가 이해할 수 없는 사람과 상황에서는 진심으로 배려하는 행동이 한계가 있고 어렵게 느껴지겠죠. 물론 이런 다짐으로라도 베푸는 것이 서로에게 필요하고, 따스함으로 느껴지기도 합니다. 그러나 지금 말하고자 하는 것은 다짐과 분리된 배려가 아닌, 감정 정화로부터 이어지는 진심 어린 배려입니다. 배려 그 자체 말입니다. 다른 사람이 이해되지 않더라도 배려할 수 있는 마음이 우리에게 있다면 세상에는 평화만이 있을 겁니다. 이것이 진정한 사랑의 모습이죠.

그러나 세상을 살면서 우리 대부분은 이해되지 않는 타인과 소통할 때 힘들어합니다. 이해가 될 때에만 진심을 가진다는 것 자체가 이미 분리된 마음의 움직임입니다.

같은 맥락으로 '나는 나를 사랑해야겠다.'라고 다짐하는 것은 나를 사랑하는지 안 하는지를 감시하듯 보고 있는 분리된 마음입니다. 그렇다고 이러한 다짐이 필요 없다는 것은 아닙니다. 단지 진심에 가까이 다가가는 노력의 일부일 뿐이라는 겁니다. 내가 진심 어린 행동을 했던 때를 떠올려보면 그때는 내가 '진심 어린 행동을 해야지.'라는 다짐을 하지도 않았다는 것을 알게 됩니다. 나도 모르게 심장이 뛰는 대로 행했을 경우가 많습니다. 이렇게 진심은 시간의 간격도 없이 하나됨입니다.

지금의 나를 있는 그대로 받아들이는 것이 '진심'이자 '나와 하나되는 것'입니다. '나를 사랑할 거야.'라는 다짐은 지금의 내가 마음에 안 들기 때문에 자기 사랑으로 다가가려는 길일지 모르지만 나를 사랑하는 자체는 아니라는 것이죠.

진심 어린 감정은 편중된 것이 아닌 전체성에 있습니다.

우리의 감정이나 생각은 평소 한쪽으로 치우쳐 있는 경우가 많습니다. 편중된 감정과 생각은 자신이 살고 있는 국가에서 각자가 그동안 살아오며 쌓여온 관념의 결과물입니다. 그리하여 옳고 그름으로 분쟁의 여지가 생기죠. 주로 '내가 맞다'는 생각으로 기울고 굳어져서 다른 쪽의 감정을 그대로 보기 힘듭니다.

양가적인 감정을 모두 보려는 노력이 필요합니다. 일어난 현상에 대해서 왜 그런지 마음에 귀를 기울이는 데는 외적인 기법이나 특별한 도구가 필요하지 않습니다. 보이는 것 이상을 더 주시하려는 진심의 갈망이 가장 중요합니다.

그러기 위해서는 먼저 침묵과 같은 내면의 고요함이 있어야 합니다. 내면이 진정된다면 누구나 자신의 내면과 외면을 전체성으로 볼 수 있습니다. 그러면 나 자신의 장점과 단점을 모두 수용할수 있고, 이렇게 전체성으로 보면서 하나된 마음을 느끼는 것이바로 나를 사랑하는 것입니다.

나를 사랑하겠다는 다짐보다 지금 여기의 모든 내 마음을 수용하며 바라보는 것이 나를 진심으로 사랑하는 그 자체입니다. 자기와 하나되는 사랑입니다.

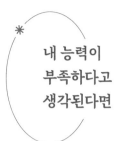

내 능력이
부족하다고
생각된다면

내면을 있는 그대로 보는 것이 더디게 느껴지기도 합니다. 그러
나 이것을 내 능력이 부족해서라고 여기지 않아도 됩니다. 왜냐
하면 더디다는 것은, 내면을 돌보는 만큼 방해되는 생각이 든다
는 것이고, 마음을 잘 주시하고 있을 때의 현상이기 때문입니다.

우리는 제일 빠른 교통수단인 비행기를 타고 있을 때 창밖으
로 느리게 보이는 구름과 대지를 보며 편안함을 느끼기도 합니
다. 또 인간으로서는 가장 높은 곳에 있을 수 있는 비행기 안에서
가장 낮은 곳을 바라보면서 아름다움을 느끼기도 합니다. 빠름과
느림, 높은 곳과 낮은 곳의 공존 안에서 안정감과 아름다움을 느
끼는 것이죠.

그것을 일상으로 가져와본다면 심한 더위가 있을 때 그늘의 시원함을 느끼고, 나무가 자라는 인내의 시간만큼 맛 좋은 열매가 있으며, 등반의 땀이 있을 때 정상에서의 성취감이 더 짙습니다. 이렇게 대립적인 현실에서 살고 있음을 우리는 이미 받아들이고 있습니다. 이처럼 나의 아픔에는 치유가, 고통에는 사랑이 공존하고 있습니다.

자연 속에서의 공존은 이해가 되지만 왠지 나의 고통과 사랑이 함께 있다는 데에는 마음이 멈칫하나요? 억지로 그 의아한 마음을 회피하지 않아도 됩니다. 우리는 지금 이해가 높은 사람이 되려는 게 아니라 나의 마음을 진심으로 보기 위해 이 글을 읽고 있으니까요. 잠시 그 마음을 같이 보겠습니다.

'고통과 사랑이 함께 있을 수 있나?'라는 마음이 든다고 해봅시다. 지금 나는 갈등으로 고통스러운데 어떻게 사랑이 함께 있다는 건지 저항이 생길 수 있습니다. '당신 일이 아니라서 몰라. 나 같은 일을 안 겪어봐서 모르는 거지. 나랑 태생도 다르고 자라온 환경도 다른 사람이 어떻게 나를 이해하겠어?' 생각이 꼬리에 꼬리를 물고 일어날 수 있죠. 또 이런 저항 속에서도, 한편으로는 이 갈등이 기회가 될 수도 있다는 옅은 희망을 느끼기도 할 겁니다. 가만히 살펴봅니다.

고통이 요동치는 외부의 사실을 그대로 바라보며 내 마음 저변에서는 여전히 아무 일도 없는 평온함을 느끼기를 바랍니다. 슬프면서도 안정된 느낌, 바쁜데 바쁘지 않은 느낌, 높으면서도 낮은 느낌, 많으면서도 적은 느낌, 기분이 나쁘면서도 평화로운 느낌은 함께 올 수 있습니다. 이런 중립적인 상태로 감정의 전체를 알고 느끼는 것이 평온입니다. 전체를 알면 두려움이 훨씬 줄어듭니다.

이원적 대립 사이에서 생기는 자아의 현실 마음을 그대로 보면서, '나의 고통과 사랑에 대해 이런 마음이 있구나.'라며 머물러봅니다. 이럴 때 자연히 찾아드는 안정감을 기다리며 남아 있어보자는 겁니다. 예기치 않게 내리는 비가 카페에 앉아 있게 하는 여유를 주듯이 자연히 찾아드는 무언가를 그냥 기다릴 수 있는 침묵 말이죠. 만남과 이별 사이에서, 고통과 사랑 사이에서 어떤 해결을 위해서 우리는 조급하지 않아도 됩니다. 그냥 그 자리에서, 찾아오는 감정을 그대로 느껴보는 것만으로도 충분합니다. 머무름입니다. 이렇게 머무를 때 힘겹거나, 자신이 부족하다고 느껴질 수 있습니다.

그렇다면 이때는 능력에서 부족함을 찾기보다는 좀 더 근원적으로 보는 게 좋습니다. 내가 이 지구에 사는 목적을 떠올리고, 나의 영적 진화 차원에서 직접적인 신호를 듣고자 하는 것이죠.

예로 '나는 자존감이 낮은 것 같아.'라는 부족함에 초점을 맞춘 생각보다는 '나의 영적 진화에 있어서 선善을 선택하지 못했던 점은 무엇이었나.'라는 질문으로 마음을 살피는 것이 자신을 진심으로 사랑하는 길입니다. 정화의 관점으로 보면, 전적으로 영의 진화에 걸림돌이 있을 때 부족함을 느낀다고 보셔도 됩니다. 이 영의 진화란 '선善의 존재 여부'에 따르기 때문에 현실에서 어떤 문제가 발생했을 때 이 질문을 해보는 것은 선명한 해답을 찾는 길이 됩니다.

'나는 선善을 선택했는가?'

다시 돌아와서, 내면을 진심으로 돌보려고 할 때 더디고 방해되는 생각이 공존한다는 것은 그다음으로 찾아드는 삶의 이로운 안내를 기다리라는 머무름의 신호이자 과정입니다. 그러니 우리는 양쪽의 대립되는 마음을 그대로 보고 있으면 됩니다. 현실은 우리가 해결하지 않아도 됩니다. 또 감정을 살펴보는 데 초보자라면 초보가 감당할 수 있을 만큼만 우선적으로 삶의 과제가 주어지니 현실적 대책 없이 머무르는 상태에 대해 미리 겁먹거나 불안해하지 않아도 됩니다. 소소한 갈등이 찾아왔을 때 '내게 동요되는 갈등이 왔네.'라고 느껴보고, 머무르는 연습을 해보세요.

지금 현실이 불안하다는 생각으로 기울어져 있다면 대립된 안정감도 있는지 느껴보세요. 그러면 실제로는 생각보다 안전하다는 것을 자연히 느끼게 됩니다. 감정의 전체를 보는 것과 대립의 공존을 감지하려는 노력은 진심을 향한 필연입니다.

잠시 눈을 감고 나를 전체로 느껴보세요.

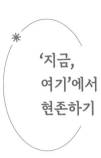

'지금, 여기'에서 현존하기

인간이 현실에서 분명한 것을 좋아하는 건 자연스러운 상태입니다. 몸과 자아는 자신이 '있음'을 매 순간 확인해야 하는 속성이 있기 때문이죠. 그래서 우리는 어떤 결단을 내리지 않고 갈등 속에서 기다릴 때 내 존재감이 사라진 듯 힘들어합니다. 모호하고 불확실한 상황이 곧 나라는 생각이 들기에 그렇습니다.

그렇게 보면 앞 내용처럼 대립하는 상황 속에서 머무는 시간은 실생활에서는 '버티는 일'로 느껴지기도 합니다. 내가 원하는 시기와 결과를 기다리며, 사무치는 슬픔 속에서 발을 동동 구르며 버티는 시간이죠. 실은 가만히 있으면 될 텐데, 내 몸과 자아는 이 시간이 빨리 지나길 바라며 어디로든 튕겨 나가지 못해 안달입니다. 그러다가 '지금'을 '과거'나 '미래'로 보내버리곤 합니다. 그러나 버티는 이 시간을 가장 잘 보내는 방법은 과거의 이유나 미래의 바람 사이를 널뛰는 것이 아닌 '지금, 여기'에서 숨을 쉬고 고요를 느끼는 것입니다.

느낌은 현재에 머물게 합니다. 느낌은 지금 몸이 내쉬는 숨과 연결되어 있고, 소울의 통로이니만큼 반복적으로 현재를 느끼며 이미지를 상상하여 심상화心象化하는 사이 우리를 좀 더 높은 의식 상태로 안내합니다. 반복적으로 현재를 느낀다는 것은 이렇습니다. 예로 미래에 대한 두려운 느낌이 있다면, 눈을 감고 두려움의 이미지로 검은 연기를 떠올리면서 호흡하고 머물러봅니다. 생각으로는 끔찍할 것 같지만, 반복적으로 자세히 보면 검은 연기는 그냥 연기일 뿐이라는 것을 보게 됩니다.

즉 나의 두려움의 실체를 보면, 나와 연결된 하나임을 느끼게 되고 동시에 '아무것도 아니다.'라는 안정감이 밀려오는 신비가 있습니다. 또 기분 좋은 느낌이 있다면 찬란한 빛이나 색깔, 이미지 등을 상상하면서 천천히 호흡해보세요. 이때는 어떤 것을 느낄 수 있나요? 나는 찬란함이 주는 더없는 희망과 기쁨 자체가 됩니다. 높은 의식 상태라는 것은 더 많은 앎이 있는 것이 아니라 앎을 넘어 일상에서 감정적으로 흔들리는 일이 적고 기쁨이 커져 있는 모습입니다. 안전한 실체를 선명히 보기 때문이지요. 명상과 기도의 수련으로 안정된 모습을 생각하시면 됩니다.

그에 반해 감정은 몸이 느끼는 대로 과거와 미래로 가고 싶어 합니다. 만약 힘든 시간을 보내고 있다면 '나의 감정이 어딘가로 가고 싶어 하는구나.'라고 알아주면서 '지금, 여기'에 있도록 노력해보세요. 나만의 시간을 가질 때도 '지금, 여기'에서 현존하기 위한 것임을 기억해야 합니다. 그리고 좀 더 안정감이 들도록 자신을 위로하고 축복해봅시다.

자, 이번에는 우리에게 과거와 미래가 실제로 존재하는지를 들여다봅시다. 과거의 아픔이 떠올라서 지금 다시 분노가 올라온다면, 이 분노는 과거의 것이 아니라 지금의 감정이라는 사실을 알아야 합니다. 또 미래의 불안을 떠올리며 우울한 감정이 든다면, 이 우울함은 미래의 것이 아니라 이 또한 지금 앉아 있는 곳에서의 감정이라는 사실을 알아야 합니다. 한번 느껴보세요.

즉, 우리는 과거와 미래를 생각하지만 정작 내 몸은 지금 0.1초의 찰나에 머물고 있으며, 어느 한순간도 똑같은 상태가 없이 계속 변화하고 있습니다. 우리는 지금이라는 찰나에서만 사는데, 과거와 미래의 생각 줄기를 당겨와 굳이 지금, 여기에서 아무런 문제가 없음에도 어두운 감정 속에 빠져 있는 것이죠. 이때 어두운 감정 줄기가 올라왔다면 '에잇, 이러면 안 돼.'라는 뿌리침 대신 정화할 감정이 찾아온 신호로 알아차리고 반가워할 수 있습니다.

결과적으로 과거와 미래가 있다고 착각하는 것일 뿐, 우리는 오직 이 순간만을 산다는 것을 느껴보시고 거듭 심상화해서 감지해보기 바랍니다.

———

이것이 감정 정화의 관점으로 보는 '시간'에 대한 마음입니다. 그러니 우리는 '지금도 잘하고 있어, 충분해, 괜찮아.'라는 말을 할 수 있는 것입니다. 과거와 미래를 떠올리며 불안과 우울에 휩싸이면 할 수 없는 말이죠.

예로 자녀를 '지금'에서 보는 것과 미래를 떠올리며 보는 것은 다를 겁니다. 아마도 지금의 자녀를 본다면 모든 것이 온전할 겁니다. 밥을 먹는 지금, 씻는 지금, 친구와 노는 지금, 걸어 다니는 지금, 등하교하는 지금, 자는 지금 이대로 모두 온전합니다. 그로 인해 내 안에 들어차는 자녀에 대한 감사와 기쁨이 정화와 연결

되겠죠. 그러나 자녀가 완벽하고, 행복하길 바라는 미래의 자아가 올라온다면 어두운 마음이 같이 찾아올 겁니다. 우리의 평온은 '지금'에만 있습니다.

자주 만나는 가까운 상대를 소중히 여기고 싶다면 나와 만나는 '지금'만이 존재함을 먼저 느껴보세요. 상대에 대해 과거의 서운했던 감정이나 미래에 보상받고 싶은 감정으로 마주하는 것과는 다를 겁니다. '지금' 마주하는 시선에서 소중한 사람들과 진심 어린 사랑이 채워집니다.

진리 안에서 온전해질 수 있는 우리

'지금, 여기서 느끼는 마음'이 중요하다는 것을 알아도, 종종 버거울 때가 있습니다. 특히 현실에서 마주하는 급한 일들을 해결하는 데 신경을 쓰다보면, 내면까지 신경 쓰기가 어렵다는 생각이 들곤 합니다. 어쩌면 마음을 돌보는 중에도, 마음이 그렇게 중요하지도 않고 돌보는 것도 좋아하시 않는다는 상반되는 생각이 떠오르며 당황스러울 수도 있겠죠.

그럴 수 있습니다. 이때 우리는 이 생각을 회피와 방치, 은폐와 무지의 방식으로 대하며 '있는 그대로 보기'를 방해받게 됩니다. 이때는 먼저 이 버겁다는 생각을 알아주는 것이 좋습니다.

'그래, 마음이 뭐가 중요해, 일단 현실이 잘 해결되는 게 중요하지. 마음 보는 것도 귀찮다, 귀찮아.'라는 버거운 지금의 마음을 말이나 글로 표현해봐도 좋고, 침묵의 의식 속에서 되뇌어봐도 좋습니다.

더 이어져서 '마음을 아무리 돌본다 한들 무슨 소용이야. 일도 안 하고, 결혼도 안 하고, 아이도 안 키워보면 세상 물정을 모르는 건데.'라는 생각이 떠올랐다고 해봅시다. 이렇게 마음을 돌보는 것에 무가치함이나 무료함이 드는 나의 생각을 알아차리면서 머물러봅니다. 그런 생각도 생길 수 있는 겁니다. 양가적 감정을 있는 그대로 충분히 보고, 머물면서 스미는 안정감을 느껴봅니다. 그리고 다음 내용을 읽어볼게요.

방해하는 생각 |

'마음을 아무리 돌본다 한들 무슨 소용이야. 일도 안 하고, 결혼도 안 하고, 아이도 안 키워보면 세상 물정을 모르는 건데.'

여기서 말하는 '세상 물정'이란 우리가 사는 이 세상의 형편입니다. 세상의 일을 경험하는 과정에서 알아야 할 절차나 그 절차에 따른 마음 상태와 해결법, 그리고 그것을 통해 새롭게 배우게 되는 것이라고 합시다. 그렇다고 한다면 이런저런 인생의 경험들을 해보지 않으면 세상 물정을 모른다는 말은 맞는 말입니다. 이런 걸 모르면 세상에 속으니, 속지 않기 위해서라도 꼭 알아야 한다는 생각이 떠오르면서 더욱 세상을 경험해봐야 한다는 생각으로 굳어질 수 있습니다.

관찰하며 거듭 내 마음 알아주기 |

'세상 물정을 모르면 사람들과 소통이 안 되는 답답한 사람이 될 거라고 생각하네.'
'세상 물정을 모르면 문제가 생겼을 때 해결책을 모르고 속거나 이용당할 거라고 생각하네.'
'세상 물정을 모르면 나만 뒤처지는 게 아닐까 생각하네.'

이때 이런 생각을 하는 게 옳다, 그르다로 더 나아가지 말고, 우선은 위의 상태에서 멈추어 지금 내 안에 있는 이 생각 그대로에 머물러보겠습니다. 수용이 될 수도 있고 의문이 생길 수도 있는데 그런 마음의 상태에서 머물러보는 겁니다.

간단한 비유를 들어보겠습니다. 깨끗한 물과 더러운 물이 있습니다. 물에 내 발을 담그고 있는데, 시간이 지날수록 처음과는 달리 내가 몰랐던 물의 상태가 보입니다. 아까는 분명 깨끗해 보였는데, 자세히 보니 물이 더럽습니다. 왜 더러워졌는지 따져보며 이해해보려 할 수도 있고, 누가 더러운 물을 가져다놓아서 이렇게 혼란스럽게 하는지 불평을 할 수도 있습니다. 그러나 이때 가장 현명한 해결 방법은 발을 빼서 깨끗한 물에 담그는 것입니다. 이해하거나 불평할 수도 있지만, 그것은 나의 알고자 하는 욕구를 채울 뿐 어찌 보면 알지 못하더라도 깨끗한 물로 발을 옮겨 담그면 저절로 나의 발은 깨끗해지겠죠. 비유이지만 우선은 세상 물정이 혼탁하다는 의미로 받아들여보면 좋겠습니다.

이어서 좀 더 나아가면, 세상 물정은 언제든 생기고 사라지는 변화가 있지만 진리는 변함없는 것입니다. 진리는 우리의 몸이 이 세상에서 사라지더라도 항상 그대로 있습니다. 내 존재의 뿌리와 같이 말입니다. 인간의 진정한 안정감도 바로 이 변함없는 나의 뿌리를 느낄 때만이 가능합니다. 그렇지 않고 뿌리가 항상 변한다면 나는 어디에서 왔고 누구이며 어디로 가는지에 대해 질문이 많아지면서 무의식적으로 방황하고 불안하게 되겠죠.

피고 지는 잎과 꽃을 태어나고 죽어가는 우리의 인생과 빗대어 세상 물정의 다양한 체험이라는 맥락에서 바라본다면, 꽃의 아름다움과 열매 맺음의 즐거움은 생명의 힘으로도 느껴지죠. 이것들은 모두 바로 진리라는 뿌리의 견고함에서 나오는 겁니다.

–⊷–

다시 돌아와서, 세상 물정을 아는 것이 불필요하다는 게 아닙니다. 나의 삶을 살아냄으로써 지혜를 얻겠지만 '진리보다 우선시될 순 없구나.'라는 의미로 공감되길 바랍니다. 예시로 들었던 직장 생활이나 결혼, 육아의 경험이 세상 물정을 아는 데는 도움이 될 수 있지만, 진정한 존재성을 채우는 것과는 다른 영역입니다. 세상 물정이 진리를 아는 데 신호와 기회가 되고 연결이 될 순 있지만 세상의 경험을 거치지 않고도 깨우칠 수 있음을 말하고 싶습니다.

물론 진리를 신뢰하고 추구하는 마음이 바탕이 되었을 때의 이야기입니다. 삶의 진실을 알고자 하는 마음이 없다면 우리가 지금 이 이야기를 하는 의미가 없죠. 정화에 대한 관심과 갈망이 있을 때, 정화를 이야기할 수 있듯이 말이죠.

현실을 살아가면서 진리를 탐구하기엔, 그 간극이 너무도 크게 느껴질 수도 있습니다. 이 정도의 더러운 물에서는 살 만하다고 생각하면서 미루고 싶고 변화하고 싶지 않을 수도 있죠. 조급해하지 않아도 됩니다. 발을 담근 자리에서 지내다가 어느 날 물을 그대로 보는 순간을 맞이하는 때가 있을 겁니다. 어떠한 이유로, 물 안을 자세히 들여다보고 싶다는 생각이 드는 거죠. 그 안에 꿈 틀거리는 벌레도 있고, 악취 나는 분비물도 있어서 기겁을 하고 빨리 발을 빼서 깨끗한 물에 발을 담그고 싶을 거라는 가능성을 열어두는 겁니다. 불평과 분석을 뒤로한 채 말이죠.

정리하자면, 인간은 세상 물정을 아는 것보다 진리 안에서 온전해질 수 있습니다. 현실의 고단함을 정신적, 심리적으로 들여다보며 낱낱이 해석하고 위로하는 흐름도 필요할 순 있지만, 이를 건너뛸 수 있는 유일한 방법은 진리의 세계에 나를 담그고 그런 자신을 받아들여주는 것입니다. 물론 진리에 나를 담그는 것 또한 자신이 허용하는 때일 겁니다. 실은 허용을 하든 안 하든 우리는 이미 진리를 따르는 고유한 존재이긴 하지만요.

갈등을 진심으로 해결하고 싶다면 상대를 존재로 보려고 노력해야 합니다. 예로 직원이 당연히 해야 할 일을 두고 요령을 피울 때, 한두 번은 이해하려 하겠지만 곧 직원과 이에 대한 대화를 하게 되겠지요. 이때 내가 요동치는 감정을 그대로 둔 채 만들어낸 대화는 대부분 요동치는 답신으로 되돌아올 겁니다.

대화에 앞서서 우리에게 필요한 것은 존재의 관점을 가지는 것입니다. 숨을 고르며 나의 감정과 생각을 거듭 관찰해봅니다. 그리고 의무를 이행해야 하는 직원이 아닌, 서로 협력하고 돌보는 사람으로 상대를 느껴봅니다. 이 내적 흐름으로 진정됩니다.

'내가 지금 상대하는 사람은 누군가의 가족'이라는 말은 존재의 관점을 가지는데 가장 와닿는 표현입니다. 존재의 관점으로 하는 대화는 관계를 한결 원활하게 만들고 사랑의 방향으로 나아가게 합니다.

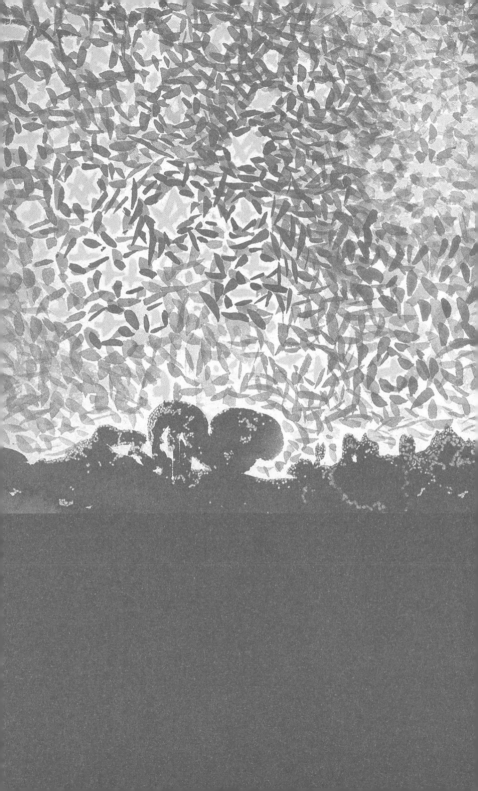

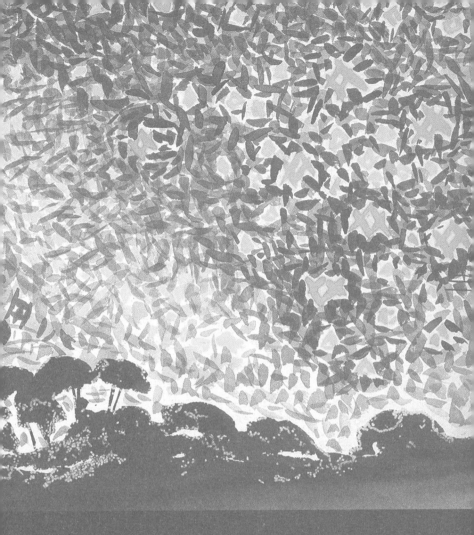

3장

감정 정화의 흐름

나만의 어두운 무의식 감정은 무엇일까요?

감정을 진심으로 관찰하고 수용한다는 건

어떤 흐름일까요?

감정 정화의
4단계
흐름

이번 장에서는 감정이 정화되는 흐름을 4단계로 정리해보고, 정화를 하며 생기는 궁금증에 답해보겠습니다. 정화에는 이미 '불순하거나 더러운 것을 깨끗하게 한다'는 의미가 있으므로, 우선 나의 마음에 어두운 무의식의 감정이 있음을 인정하면서 시작될 겁니다.

유연하게 표현하자면 감정 정화는 내 안의 사랑이 드러나는 흐름입니다. 내 안의 아픔과 슬픔이 차가운 얼음처럼 소울을 덮고 있는 모습을 떠올려보세요. 이러한 마음 상태로 외부와 소통을 하면 내 안의 차가움이 상대방에게도 전해집니다. 그 차가운 얼음 덩어리가 녹아 생기 있게 살아나는 소울을 상상해보며 읽어보셔도 좋겠습니다.

정화의 시작은 외부로부터 감정의 자극이 오거나, 문득 의지가
생겼을 때가 신호라고 생각하면 됩니다. 편의상 1단계는 감정의
관찰, 2단계는 절대적인 수용, 3단계는 위로, 그리고 4단계는 축
복과 갈망으로 흐름을 나눠보았습니다.

───⟲───

다소 평범한 상황을 가정해보겠습니다.

횡단보도에서 신호를 기다리고 있습니다. 잠시 가방 속 물건을
찾는 사이에 초록불로 바뀌었고, 나는 그것을 모르고 여전히 서
서 가방을 뒤적이고 있습니다. 그사이 뒤의 사람이 나를 밀치고
지나가며 짜증스럽다는 듯이 이렇게 말합니다.

"신호를 똑바로 보고 있어야지, 뭐 하는 거야? 자기만 사는 세
상인 줄 아나."

이때 우리는 어떨까요?

'뭐 저런 사람이 다 있어? 짜증나.'라는 생각을 하고, 걷는 동안
에도 몇 차례 그 말과 태도가 떠올라 기분이 나쁠 겁니다. '에이,
세상에 별사람이 다 있네. 조금 늦게 건넌다고 세상이 무너지나?'
하고 감정이 이어지거나 '재수 없다고 생각하고 잊자. 저런 인간

은 조심해야 돼.'라고 회피의 마무리를 지을 수도 있습니다.

이것을 감정 정화 단계로 보겠습니다. 잠들기 전 하루를 돌아보는데 낮에 있었던 이 일이 다시 떠올랐다고 해볼게요. '다시 생각해도 역시 재수 없는 사람이야.'라고 마음이 요동쳐서 흠씬 욕을 했다면, 여기서 마칠 것인지 오늘 나의 마음에 관심을 가져볼것인지 가늠해봅니다. 평온으로 흐르는 정화의 마음을 가져보고 싶다면 '내 마음을 정화할 수 있는 허용이 주어져 감사하네.'라며 그런 자신을 먼저 감사히 여겨줍니다.

1단계: 감정의 관찰 |

'뭐 저런 사람이 다 있어? 짜증나.'
'에이, 세상에 별사람이 다 있네. 조금 늦게 건넌다고 세상이
무너지나?'
'재수 없다고 생각하고 잊자. 저런 인간은 조심해야 돼.'라는
생각을 했었네.

또 이후에도 밀려들었던 황당하고 밉고 화가 났던 감정을 그대로 보아줍니다. '내가 밀쳐지면서 그런 말을 들었을 때 황당하고 화가 났었구나.' 하고 말이죠. 더 많은 생각과 감정이 있는지 그대로

느껴보면서 글로 적어봐도 좋습니다.

2단계: 절대적인 수용 |

다음으로 그러한 상황과 생각과 감정들이 내 무의식 속에 있는지 탐색해봅니다. 이를 돕는 몇 가지 질문이 있습니다. 이 질문들에 답해보며 수용할 수 있는 기회를 가져봅니다.

> '나의 과거에 어떤 비슷한 에피소드가 있었나?'
> '오늘 들었던 마음이 나한테도 있는 것인가?'
> '나의 어떤 마음이 내 현실에서 보인 건지 명확한 단어로 정리해볼까?'

비슷한 과거 일이 떠오를 수 있습니다. 그 과거를 들여다볼 마음이 들지 않는다면, 마음이 허락할 때 떠올려보면 됩니다. 급할 건 아무것도 없습니다. 내가 평온의 마음으로 가고 싶은 갈망만이 중요할 뿐이죠.

과거의 일을 떠올려봅니다.
'나도 그랬던 적이 있었네. 몇 해 전 급하게 병원에 가는 길이었지. 아주머니들이 서로 이야기를 하며 천천히 걸어가느라 내 앞

길을 막고 있었어. 그때 화가 치밀었지. 한쪽으로 비켜서 좀 걷지, 꼭 급할 땐 이런 장애물을 만난다고 못마땅하게 여겼어. 이 길 전세 냈어요? 왜 이렇게 몰려다니면서 길을 막고 있는 거예요? 라는 생각이 들었어. 그때 퉁명스럽게 "좀 비켜주세요."라고 말하면서 그들을 앞질러 갔지. 그런데 여전히 그들은 내 뒤에서 즐겁게 이야기하며 느긋했어. 나는 병원에 있을 엄마에 대한 걱정으로 가득했는데 말이야. 진짜 별사람들이 다 신경을 거슬리게 했어. 지금 생각해도 그때의 나는 그럴 수밖에 없었어.'

자, 여기서 머무르며 그때의 나를 느껴봅니다. 어쩌면 이런 생각이 들 수도 있습니다.

'나의 예전 일과 오늘 횡단보도에서의 일은 다르지. 비슷한 상황이 떠올랐다고 해서 내가 꼭 이해를 해야 하나? 낮에 그 사람은 나와는 다르게 교양이 없었다고. 나는 그렇게까지는 안 했지.'

이런 생각이 들었다면 이 생각을 알아차려주고, 다시 자아의 침대에 잠시 눕혀둔 뒤 오로지 나를 보는 것에 머뭅니다.

나를 밀치며 황당한 말을 했던 그 사람과 교차되는 지점인, 과거에 내가 아주머니들을 지나가며 퉁명스럽게 말했던 나의 모습에서 머뭅니다. 더 화가 날 수도 있고, 내가 그리 불친절한 사람은 아니라고 해명하고 싶을 수도 있고, 살다보면 생길 수 있는 일이라며 대수롭지 않은 듯 피하고 싶을 수도 있습니다. 이 모든 내 감정과 생각들이 나의 마음임을 전체성으로 받아들여보며, 당시에 그럴 수밖에 없었던 자신을 보호하듯이 받아들여봅니다.

3단계: 위로

진정으로 받아들여지면, 그럴 수밖에 없었던 그때의 나의 내면아이를 좀 더 관심 있게 바라보게 됩니다. 그때 어떤 심경이었는지, 어떤 모습인지 말이죠. 위로의 마음은 억지로 되지 않습니다. 그때의 나를 충분히 바라보며 다가가 말을 걸어볼까요. 어떤 말을 해주고 싶으신가요?

'그때 너는 걱정이 컸을 것 같아. 엄마가 병원에 있다는 소식을 듣고 얼마나 놀랐을까. 표정은 어두웠고 마음은 초조했지. 엄마 곁에 한시라도 빨리 가서 손을 잡아드리고 싶었으니까. 게다가 다른 사람들이 한가롭게 웃는 모습을 보니 너의 상황과 비교되어 서글픔이 올라왔겠지. 심지어 길까지 막고 서 있으니 화가 치밀었고. 눈물을 머금고 애타는 마음으로 걷고 있네. 참 힘들었겠다. 세상에 내 편이 없는 듯했을 거야.'

이렇게 위로하며 다가가 손을 잡아줄 수 있겠죠. 같이 팔짱을

끼고 걸어보거나 눈을 마주하며 마음을 헤아려봅니다. 그 뒤로 한결 가벼워지고 부드러워진 마음 안에서 희망의 빛도 살아납니다. 이때의 감정을 충분히 느껴봅니다.

여기까지 오셨다면 마지막으로 중요한 것이 있습니다. 여기까지 오는 중에 '내게도 잘못이 있었네. 길을 비켜달라고 친절히 말할 수도 있었는데 말이야.'라는 마음이 잠깐이라도 떠올랐나요? 혹은 나의 과거의 태도에 대해 조금이라도 반성하거나 돌아보는 마음이 있었나요?

만약에 남편, 아내, 자녀, 친구와 다투고 난 뒤 나의 감정을 돌아보고 있다면, 이때 '나도 잘한 게 없지, 잘못했네.'라는 마음이 들었는지를 묻는 겁니다. 그리고 다시 현실의 그 사람들을 보며 내 마음에 미세하게 흘러드는 온유함을 느낄 수 있을까요. 남 탓만 하는 것이 아니라 나의 탓에도 머물 수 있는지 말입니다. 이런 마음은 선善의 깊고 깊은 구심점이기에 중요합니다.

그만큼 중요하여 강조는 하지만 진심의 뉘우침은 강요로 될 수 있는 게 아닙니다. 나의 모습이 절대적으로 수용될 때 동시에 솟는 마음입니다. 상대와의 관계를 진정으로 바꾸고 싶다면, 상대가 아닌 나의 내면의 흐름을 바꿔야 합니다. 이는 심리적 지식이 아니라, 온전한 내 소울로만 가능한 일입니다.

4단계: 축복과 갈망 |

이렇게 충분한 위로를 받으며 온유한 마음이 되었을 때, 다시 현재에서 오늘 횡단보도에서 있었던 일을 바라봅니다. 나를 밀치고 짜증 섞인 말을 하던 사람이 내 안의 위로받는 마음과 연결되면서 아까와는 다른 마음이 생깁니다. 그리고 '그 사람도 예전의 나처럼 힘들었을 수 있었겠다. 충분히 그럴 수 있었겠어. 앞으로 좋은 일들이 가득하시길.'이라며 잘 보내주는 마음으로 흐를 수 있습니다. 잠시 숨을 고르고 그런 내 마음을 느껴봅니다. 한결 가벼워지고 자유로운 느낌이 듭니다.

이렇게 감정 정화의 마지막에 내 안에 남는 것은 평온이 됩니다. 밝고 환한 감정으로, 감사, 기쁨, 축복의 상태로 느껴지면서 낯빛도 밝아집니다.

감정 정화가
억지스럽게
느껴져요

앞의 감정 정화 흐름 4단계를 읽어 내려오며 어떠셨나요. 이 정도는 노력해볼 만하다는 생각이 드셨나요? 억지스럽다는 생각이 들 수도 있습니다. 받아들여지지 않는 곳이 있었다면 또 그곳에 머물러서 그 마음을 충분히 알아주면 됩니다. 그러면 자연히 다음 흐름으로 갈 테니까요.

왜 내가 고요해져야 하는지, 왜 나의 아픈 모습을 되짚어보아야 하는지, 왜 그 아픈 내면을 끌어안아야 하는지, 그래서 왜 지금의 당신에게 사랑의 마음만을 남기게 해야 하는지 마음이 요동칠지도 모릅니다. 아마 정화의 방법을 알고자 하는 독자들이라면 더욱 그럴 겁니다. 이는 자연스러운 흐름이니 궁금해하는 자신을 부족하게 여기지 않아도 됩니다. 그런 요란한 마음을 알아주면 되겠죠. 그리고 지금의 마음을 느끼려는 데 더 주의를 기울여보세요.

무의식의 감정을 정화하는 흐름은 자아의 겹을 벗겨내면서 그 밑으로 잔잔히 흐르던 '참 나'가 드러나는 일입니다. 인간은 모두 소울을 지녔죠. 정화의 단계는 소울의 속성대로 진화하기 위한 여정을 돕는 차원에서 소개하는 것이지 절대적이진 않습니다. 그러니 흐름의 순서는 크게 중요하지 않습니다.

어떤 상황에 자극을 받았을 때 '재수 없다고 생각하고 잊자, 앞으로 이런 인간은 만나지 말아야지.'라는 비뚤어진 마음과 '그 사람도 나처럼 힘들었을 수 있겠네. 충분히 그럴 수 있었겠어. 앞으로 좋은 일들이 가득하시길.'이라는 평화의 마음으로 반응하게 되는 것은 분명히 다릅니다. 최종적으로 내 안에 남은 감정이 중요합니다. 우리는 그 남은 감정을 바탕으로 다음 행동을 만들고 내 현실을 만들어가기 때문입니다. 이것이 쌓여 한 사람의 인생이 미움의 삶과 평화의 삶으로 드러날 겁니다. 우리가 궁극적으로 원하는 삶이 '평화'이기에 정화되는 흐름을 참고해보는 겁니다.

정화를 하며 주의할 사항은 폭력이나 생명이 위협되는 자극 앞에서는 감정 흐름을 주시하는 게 우선이 아니라는 점입니다. 폭력을 당할 때는 먼저 폭력을 차단할 수 있는 행동을 취하고, 이후 안전한 상황이 되었을 때 마음을 돌보시길 당부합니다. 생명과 신체적인 위협 앞에서 마음의 소리를 진심으로 듣는다면, '어서 널 보호해.'라는 소리가 들릴 것입니다. 감정 정화가 어리석음을 부추기는 방법이 되지 않아야겠습니다.

언제나 지금, 여기에서 느낌이 전하는 진심이 중요합니다.

**나만
손해 보는
기분이 들어요**

감정 정화 흐름을 읽어 내려오며 마음에 힘이 빠지는 느낌이 들수도 있습니다. 왜 상대가 잘못한 것은 묻지 않고 나에게만 책임이 있다고 하는지 손해 보는 기분이 들 수도 있지요. 누군가가 나의 험담을 했을 때, 가정의 파탄을 맞았을 때, 큰 질병으로 아플때, 재정적 손실이 있을 때라면 아마도 상대의 잘못된 점이 크게보이거나 자기를 질책하는 데서 빠져나오기 힘들 겁니다. 억울한마음이 들고, 힘이 빠질 수 있죠.

이때 다시 기억해야 할 것이 있습니다. 평온하고자 갈망을 품었다면 오로지 나만을 보는 것이 중요하다는 점입니다. 내 탓을 하라는 것이 아닙니다. '내가 부족했고, 내가 잘했더라면 이런 일은 없었을 텐데.'라는 식으로 자책하는 차원에서 이해하지 않아야겠습니다. 또 나에게 머물러보라는 것이 상대는 아무 잘못이 없다는 것을 말하는 것도 아닙니다. 내가 선善을 택하지 못한 마음에 초점을 두자는 본질 관점입니다. 삶의 큰 문제일수록 필요한 마음입니다.

그러니 '나를 본다'는 것은 손해가 아니라 오히려 반대의 의미입니다. 나의 아픔, 내 안의 차가운 마음부터 돌보자는 의미입니다. 길거리에서 무례한 행동을 당했을 때, 나를 험담하는 말을 들었을 때, 혹독한 평가를 받았을 때, 큰 손실로 난관에 빠졌을 때 나는 어떤지를 보자는 겁니다.

당신 탓이라는 이유를 아무리 설득력 있게 말한다 해도 상대방은 자기 잘못이 아니라고 반박할 겁니다. 위협을 느낄수록 자신을 보호하기 위해서 더 크고 세게 반론하겠죠. 당연한 흐름입니다. 이렇게 더 깊은 갈등의 골로 빠지면 그만큼 나는 더 지치고 흐트러지게 됩니다. 여전히 화가 나고, 억울하고, 아플 겁니다. 그런 나를 먼저 돌보고 안아주자는 의미입니다. 더불어 그 안에 선善을 택하지 못한 나의 어떤 마음이 있었는지 머물러보는 겁니다.

이것은 내면이 외부의 현실을 움직이기 때문입니다.

나만 손해 본다는 생각이 들어서 겉으로 큰 목소리를 내며 거칠게 행동해도 결핍된 감정은 여전히 내 안에 쌓여 있습니다. 자신에게 부족한 점이 있음을 감추기 위해 오히려 열등감을 드러내며 자격지심을 보이게 되죠. 외적으로 강하게 보이면 내가 이기는 것 같겠지만 이는 분명한 착각입니다.

한편으로는, 겉으로 내는 큰 목소리는 진정으로 나를 위한 것이 아닙니다. 내면에 쌓인 결핍된 감정은 밖으로 새어 나와 현실을 결핍된 방향으로 움직이게 됩니다. 과연 나에게 진정으로 중요한 것은 무엇일까요.

삶이 안내하는 길을 좀 더 신뢰하면 좋겠습니다. 삶은 언제나 우리가 생각하는 것보다 넓고 높게 바라보고 있으며 그로 인해 나를 진정으로 이로운 길로 안내하고 있기 때문입니다.

외부의 잘잘못을 굳이 언급하지 않는 이유에 대해서는 5장에서 좀 더 설명하겠습니다. 그 전에 우리가 외부를 보는 습성이 있음을 다시 한 번 알아차리고, 밖의 것을 바꾼다고 해서 나에게 좋은 것이 오는 것이 아님을 거듭 기억합시다. 손해 보는 것 같은 마음에서 머물기보다는 이 자극으로 삶이 내게 주고자 하는 것을 알고, 안내해주려는 삶의 뜻을 따르는 게 평온의 길입니다.

'내 탓'이 왜 현실을 바꾸나요?

저 먼 나라의 일일수록 나와는 멀게 느껴집니다. 현실 세계에서 전쟁이 끝나지 않는 것을 보면 알 수 있죠. 다른 나라의 전쟁은 내가 일으키지 않았다는 마음이 지배적일 겁니다. 세상의 아픔이 '내 탓'이라는 생각이 들긴 어렵기 때문입니다. 그럼에도 '내 탓'의 마음이 필요합니다.

우선, '내 탓'이란 의미를 좀 더 들여다보겠습니다. 내 탓이라고 할 때, 나 때문에 잘못되었다는 가벼운 죄책감에서 머물자는 것은 아닙니다. 내 탓이란 어떤 대상과 비교된 잘못이 아니라 '절대적인' 내 잘못을 보는 겁니다. 소울의 입장에서 말이죠.

예로, 한 사람이 가게에서 아이스크림을 훔쳤다고 해봅시다. 그럴 수밖에 없었던 가슴 아픈 사연이 있었습니다. 가게 주인이 물었을 때 그가 대답합니다.

"아이가 생일인데 이 아이스크림을 참 좋아합니다. 그런데 사정이 어려워서 이렇게 훔칠 수밖에 없었습니다. 정말 잘못했습니다."

사례가 다소 약한 듯하지만 핵심은 훔친 사람의 마음 상태와 흐름을 느껴보는 데 있습니다. 위와 같은 말을 했을 때, '남 탓'에 마음의 중심이 있는 경우와 '내 탓'에 마음의 중심이 있는 경우로 나눠 살펴보겠습니다.

'남 탓'의 마음을 가진 사람이라면 아이 생일을 핑계삼아 거짓말을 한 셈입니다. 자신의 행위에 대해 뉘우침이 없이, 그저 이 순간을 모면하기 위해 의도적으로 동정심을 유발하는 말을 한 것입니다. 이런 가면을 쓴 사람은, 설사 지금 5:5의 비율로 잘못한 일을 뉘우쳤다 해도 어두운 마음이 다시 커져 더 큰 범죄를 저지를 가능성이 있습니다.

반면에 '내 탓'의 마음을 가진 사람이라면 자신의 행위를 절대적으로 뉘우치고, 새로운 다짐을 할 것입니다. 즉 정화의 흐름으로 보면 나의 '훔친 행위'에 대한 뉘우침을 절대적으로 수용하면서 힘이 생기고, 곧 용서와 화해로 이어지면서 이 마음의 영역이 훨씬 더 강력해집니다. '내 탓'인 마음에 '진심'이 들어 있으면, '남 탓'의 마음인 자아의 힘은 약해집니다.

더 큰 범행을 저지르지 않기 위해 또는 상대에게 폐를 끼치지 않기 위해서도 '내 탓'의 마음은 중요하지만, 그보다 앞서 오로지 내 마음이 선^善과 사랑을 향하기 위해 중요합니다. 즉 '내 탓'하는 마음은 '남 탓하는 마음'을 죽이고, 선과 사랑을 채워줍니다. 그러니 나의 잘못을 받아들이는 일은 '마음의 어둠을 죽이는 것'과도 같습니다. 남편과 아내를 향해 '남 탓'하는 마음을 죽이고, 자녀와 친구, 동료들을 향해 '남 탓'하는 마음을 죽이면 그 안에 소중한 사람들을 향한 사랑이 채워집니다. 이 생각으로 미소가 지어진다면 내 안에 선과 사랑이 드러나고 있는 것입니다.

이렇게 되면 가벼운 죄책감이나 쓸모없는 억울함은 사실 들어올 틈도 없습니다. 어둠을 몰아내기 위해 어둠에 집중하지 않아도 되니 얼마나 마음이 가벼울까요. 이것이 바로 내 마음의 평온이자 주변 사람들의 평온이고, 전 세계인들의 평화입니다.

'내 탓'이라는 마음을 가지는 것에 더 이상 힘들어하지 않아도 되겠지요. '내 탓'은 내가 선善을 택하지 못한 잘못으로 자신을 돌아보는 마음이고, 이 마음이 현실을 바꾼다는 것을 기억합시다.

감정의 정화는
오로지
내 안의 흐름

'감정 정화'를 접할 때는 감정을 관찰하고, 수용하고, 위로하고 축복과 갈망의 마음을 가져보는 것이 이해됩니다. 그러나 상대를 축복할 마음이 생겼다 해도 현실에서는 관계가 단절되기도 합니다. 내가 받아들이고 싶지 않은 상대에 대한 거리낌이 있기에 그렇습니다.

물론 이러한 단절의 시간도 정화에 대한 갈망이 있는 한 지나가는 과정이기도 합니다. 단절된 상태더라도 나를 사랑하는 마음으로 지속적으로 상대에 대한 감정을 정화할 수 있습니다. 이때 꼭 상대와 마주하며 소통해야 하는 건 아닙니다. 그러나 최종적으로 상대와 상호 간 마음이 원활히 확인될 때에야 비로소 그 일은 완전히 아무 일도 아닌 상태가 됩니다. 이 흐름이 참 마음대로 되지 않습니다. 서로 만나기만 하면 '남 탓'을 하기에 가족끼리도 연락 없이 지내는 경우가 많습니다. 또 가까운 친구와 멀어지는 일도 많습니다. 그러나 희망적이게도 서로 보고 있지 않더라도 가족 구성원들이, 친구가 각자 자신의 감정을 정화하고 있다면, 꼭 다시 손을 잡게 될 겁니다.

감정 정화 중 수용과 위로에 대해 잘못 이해하는 점이 있습니다. 상대를 수용하라는 게 아니라 나 자신을 수용하라는 의미이며, 상대를 위로하라는 게 아니라 그 상황 안에서의 나를 위로하라는 겁니다. 오로지 나를 보는 흐름입니다. 부모를 부양하는 입장인데 다른 형제들에게 서운한 말을 들었을 때, 그 서운한 말을 이해하고 수용해서 '형이 얼마나 속상했으면 나에게 그런 말을 했을까.' 라는 식으로 위로하라는 게 아닙니다.

즉, 밖의 것을 수용하라는 것이 아닙니다. 오로지 내 안에서 흐르는 나의 감정이 주제입니다. 서운한 말을 들었을 때의 나의 감정과 생각을 보는 겁니다. 예로, 나는 부모님을 돌보는데 다른 형제들은 본 체 만 체 한다면 야속할 수도 있고 미울 수도 있지요. 이런 내 안에서 일어나고 있는 마음을 받아들여보는 것입니다. 그리고 그런 나를 위로하는 거죠.

이 경우 내 안을 보는 데 방해가 되는 것은 가족에 대한 사랑입니다. 가족을 사랑하기에 '어떻게 형제를 미워하고 비난하겠어?'라는 마음이 들어서, 야속해하고 미워하는 내 마음을 그대로 보지 못합니다. 사랑으로 포장한 일종의 죄책감입니다.

상대에 대한 미움과 분노를 회피하지 않고 돌보는 것은 전적으로 나를 위한 것임을 알아야 합니다. 상대에 대한 미움의 덩어리가 점점 옅어지는 것은 내 안에서 분노 덩어리가 옅어지는 것과 같음을 더 깊이 받아들여야 합니다. '될 대로 되라지.'라는 마음으로 상대를 이해한 체하고 '안 보면 그만이지.'라는 뾰로통한 마음이라면 지금 당장 자극되기 싫으니 덮어두는 격입니다. 중요한 건 아직 내 안에 미움이 있다는 겁니다. '나는 그 사람을 미워하지 않아.'라고 하면 할수록 정화의 여정은 되풀이됩니다. 감정의 에너지는 상대를 만나지 않아도 전해집니다. 서로 연락을 굳이 하지 않아도 감정 정화는 가능합니다. 왜냐하면 전적으로 내안에서 일어나는 일이기 때문이죠.

상대와 매일 만나야 하는 경우라면 대면하는 간격을 조절하면서 감정 정화의 시간을 가지는 것이 당장 소통하는 것보다 중요합니다. 이때 상대에 대한 미움 때문에 안 보겠다는 것이 아니라, 나의 감정을 정화하기 위해 거리를 둔다는 생각을 해보세요. 미움이라는 허상의 감정이 나를 조종하게 두지 마시고 내 안의 정화에 초점을 맞춰보는 겁니다. 조급할 것은 하나도 없습니다.

　서두에도 적었듯이 마음의 평온을 갈망하는 한 서로의 단절도, 만남이 뜸한 것도 과정일 뿐입니다. 물리적으로 떨어져 있더라도 내 마음에서 상대에 대한 미움이 깨끗이 걷어진다면 어느 날 만나게 되었을 때 최소한 내 안에는 상대에 대한 독이 없을 겁니다. 물론 상대도 그렇게 나에 대한 미움이 정화되고 있었다면 더 이상 얼굴을 붉힐 일이 없겠죠. 그러면 그때는 서로 아무렇지 않게 화해로 이어지는 겁니다.

　덧붙이자면, 저는 종종 행복한 그림을 떠올립니다. 우리 각자가 자신의 자리에서 내 안의 감정을 정화한다고 상상만 해도 입꼬리가 올라갑니다. 가족이 사랑의 말을 나누고, 직장에서는 배려와 이해가 넘치고, 세상에서 전쟁이 사라지겠죠.

　감정의 정화는 오로지 내 안의 흐름입니다. 그러나 그로 인해 우리는 함께 사랑으로 살아갈 수 있습니다.

감정을 그대로
느껴준다는 것의
오해

우리가 지금 하는 이야기는 남의 감정이 아니라 나의 감정에 대한 것입니다. 감정을 진심으로 느낄 때만이 삶이 안내하는 이로운 방향으로 흘러갑니다. 나의 감정을 회피, 방관, 은폐, 무지로 두지 않고 충분히 느끼며 알아줘야 합니다. 감정은 참 정직하죠. 그런데 이 부분에 있어서 오해가 생길 만한 점이 있습니다.

어두운 감정을 그대로 느껴야 할 때입니다. 좌절, 분노, 화와 같은 감정을 그대로 느껴볼 때 우리는 종종 눈물이 나거나 험한 말이 튀어나오기도 합니다. 그러나 사람은 계속 분노만 느끼기 힘듭니다. 목 놓아 울던 아기도 중간에 멈추어 상황을 살피고 다시울죠. 어느 정도 분노를 느끼는 자신을 잠시 바라볼 수 있고, 진정할 수 있다면 분노를 멈추어야 합니다. 그럼에도 불구하고 어두운 감정의 끝을 애써 느끼려는 경우가 있습니다. 어두운 감정을 그대로 느껴야 한다고 해서 멈춰야겠다는 생각을 무시하지 않아야 합니다. 어두운 감정을 멈출 수 있다면 멈추는 것이 좋겠지요. 무엇을 위해 분노해야 하나요?

감정을 그대로 느껴준다는 의미는 어두운 감정도 그대로 바라보고 받아들이면서 밝은 감정으로 변화될 수 있음을 알아간다는 것입니다. 자신의 분노를 극악스럽게 발악하는 모습으로 확인하는 것이 어두운 감정을 느끼는 게 아니라는 말입니다. 분노를 느끼는 과정에서 거친 표현은 있을 수 있지만, 분노를 멈출 수 있는데도 더 분노를 느끼려는 것은 내 마음의 구멍을 채우고 보상받고 싶다는 과한 욕망일 뿐입니다. 분노라는 자아의 욕구를 채워주면서 여전히 외부를 보느라 아픈 나를 보지 못하는 것이죠. 그것을 멈추지 않는다면 나는 더욱 쇠약해질 겁니다. '감정을 충분히 느껴줘야 하지 않나요?'라고 외부의 방법으로 반박하지 않았으면 좋겠습니다. 감정을 충분히 느껴야 하는 이유는 빛을 보기 위함임을 기억합시다. 그 어떤 방법일지라도 어둠과 빛을 선택하는 결정권은 언제든지 내 안의 나에게 있습니다.

반대로 좋은 감정일 때도 쾌락적인 기쁨으로써 감정을 넘치게 느끼려 한다면 이 또한 어리석은 일입니다. 내게 기쁜 감정이 있더라도 이 감정을 표출해야 할 상황인지는 구분할 수 있습니다. 자신의 좋은 감정을 충분히 느껴야만 한다는 목적으로 아무에게나 표현하고 다닌다면 본의 아니게 당신의 기쁨이 누군가에게는 아픔일 수 있지요. 결혼, 부의 축적, 성과 등 세상에서 얻은 좋은 감정은 부러움과 시기를 불러오기도 한다는 것을 기억하면 좋습니다. 그렇다고 눈치를 보라는 건 아니고 좋은 감정이라고 지나치게 동요하지 않길 바란다는 뜻입니다. 마음 밭에 따라서 외부의 기쁨이 항상 기쁨이지만은 않으니까요. 또 감정은 언제나 왔다가 사라진다는 것도 기억하면 좋겠습니다.

또한 함께 나의 고민을 나누며 갈등의 상황을 극복 중이던 친구가 있다면 그 일의 진행을 알려주는 게 좋겠죠. 어려운 마음을 나눈 친구에게는 일이 잘 해결되었다는 기쁜 소식도 함께할 사랑의 마음이 충분히 있을 테니까요.

감정을 온전하게 충분히 알아주라는 것은 일방적으로 질주하듯이 한 가지 감정만을 느끼라는 것이 아닙니다. 느끼는 만큼 내 안에서 어떤 소리가 있는지 들으면서 한 걸음씩 나아가는 것입니다.

"내가 이러한 감정을 느꼈어."

"그래, 그렇게 느꼈다니 힘들었지? 고생 많았어. 지금은 좀 나아졌니?"

이렇게 자신의 감정을 경청하는 마음이 있어야 합니다. 이 세상에 일방적인 것은 없습니다. 즉, 감정을 느낀다는 것은 상호 교류입니다. 감정을 자칫 정화의 수단으로서만 대하지 않길 바라며, 소통하는 친구로 여기면 좋겠습니다.

충분히 수용되는
마음이 주는
평온

우리는 내 마음과 감정 정화에 대해 잘 알지 못하더라도, 일상적으로 삶에서 이로운 방향이 어떤 것인지는 알고 있습니다. 비록 실행이 어렵다 할지라도 용서와 배려, 도움을 주고받는 것이 좋다는 걸 잘 알죠. 그러나 자아는 우리의 순수한 마음 사이를 비집고 이기심이나 탐욕으로 들어오려고 호시탐탐 기회를 엿보고 있습니다. 이렇게 나의 자아가 더 강하게 들어오더라도 우리가 사랑의 방향을 선택한다면 얼마나 좋을까요. 이때 정화법을 따로 알지 못하더라도 이로운 방향과 나의 욕심인지는 가늠할 수 있을 겁니다. 그러나 합리화를 하고자 하는 자아가 기승을 부린다면 진정한 방향으로 가기 어렵겠지요. 그러면 중요한 것을 놓치게 됩니다.

내 마음을 관찰할 때, 충분히 수용되는 마음이란 어떤 움직임 일까요?

예를 들어, 쓴 약을 먹기 싫어하는 내 마음을 두 가지 면으로 바라보겠습니다. '쓴 약을 먹기 싫어할 수도 있지.'라며 그대로 받아들이든가 '맛있는 것만 어떻게 먹겠어, 필요할 땐 쓴 약도 먹어야지.'라며 용기 있게 전환할 수 있습니다. 이 둘 중에서 지금 내 마음을 그대로 수용한 것은 물론 전자입니다.

'내가 쓴 약을 먹기 싫어할 수도 있지. 얼마나 싫은지 몰라. 약 먹기 힘들지. 충분히 이해해, 그래도 지난번엔 참 잘 먹더라. 대단해. 쓰지 않으면 참 좋을 텐데…'

충분히 머물면서 이 마음이 사라질 때까지 위로해보는 겁니다. 진정한 수용은 위로를 부르고, 먹기 싫은 마음에 이로운 변화를 주게 되어 있습니다. '난 먹기 싫지만 낫기 위해선 약을 먹어야 하지.'라는 용기가 스미는 거죠.

물론 곧바로 '맛있는 것만 어떻게 먹겠어, 필요할 땐 쓴 약도 먹어야지.'라는 용기를 선택할 수도 있지만 내면에서 솟는 용기와 는 다릅니다. 아무리 쓴 약도 내가 받아들일 수 있다면 아무 문제 가 되지 않듯이, 삶의 크고 작은 상황에서도 내가 받아들일 수 있 다면 고통이라고 표현할 게 없습니다. 고통의 크기는 사람마다 다 르다는 말이 여기서 나온 거겠죠. 고통의 크기는 나의 수용 정도에 따라 다릅니다. 바쁜 현실에서는 이 기다림이 불편하여 자주 건 너뛰게 되지만 여유 있는 일상에서는 꼭 수용을 연습해보면 좋겠 습니다.

유명한 회사에서 근무하지 않아도, 재정적인 기준을 지나치게 높게 잡지 않아도, 지금의 내 생활이 내게 받아들여진다면 아무 문제가 되지 않습니다. 긍정적인 끌어당김의 마음을 활용해서 엄 청난 부를 소유하겠다는 조급함은 멈추세요. 엄청난 부를 꿈꾸 는, 혹은 부에 대해 두려워하는 내 마음을 수용하는 것이 먼저입 니다.

또한, 나에게 배신을 한 상대를 수용하라는 의미가 아니라, 그로 인해 상처받았을 내 마음을 무조건 수용해보는 겁니다. 상대를 보 지 말고 나를 보자고 거듭 강조합니다.

이렇게 수용에 대해 잠시 생각해보았는데요. 결국 절대적인 수용을 하는 데 필요한 것은, 지금의 내 감정을 그대로 보는 것뿐입니다. 내면의 아픔이 가슴에서 충분히 녹고 있음을 느끼고 계신가요? 그렇다면 지금, 여기서 좀 더 충분히 머물러보세요.

다음 단계로 넘어가야 한다고 조급해할 이유가 없습니다. 절대적인 수용 없이는 나의 어리석음을 볼 수 없고, 위로는 찾아오지 않습니다. 거짓 위로는 지금 우리에게 아무 소용이 없지요. 우리는 진실한 마음을 찾아가는 중이니까요.

감정의 어느 지점이든 다정히 묻고 답하며 진실한 돌다리만을 밟으면 되겠습니다. 그렇게 순간순간의 상호 교감 안에 잠기면 정화법의 단계는 사라지고 평온의 한가운데에 있게 됩니다.

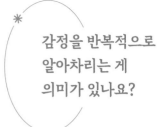

감정을 반복적으로 알아차리는 것이 무의미하게 보일 때가 있습니다. 평온으로 가는 여정이 지치고 힘들다고 느껴질 수도 있고, 별다르게 얻는 것이 없다는 생각이 들 수도 있습니다. 지치는 마음에는 응원하며 도닥여주고 싶습니다. 지칠 때는 충분히 쉬어도 되고, 그래도 얼마든지 괜찮다고 말이죠. 그러나 별다르게 얻는 것이 없다는 생각이 든다면, 중요한 걸 놓치고 있지는 않은지 함께 살펴보고 싶습니다.

현대문명으로 발전해올 수 있었던 데는 노력과 성과라는 인과적 법칙이 꼭 필요했을 겁니다. 인간의 노력은 편리한 생활을 도와주었고, 실제로 우리는 많은 것을 누리며 살아가고 있습니다.

그러나 이렇게 오래 이어져온 습관으로, 가장 가까운 가족 안에 서조차 노력에 따른 보상을 우선시하게 되고, 학교와 사회에서도 능력을 최우선으로 인정합니다. 그런 패턴은 결국 나 자신과의 관계에도 그대로 영향을 미칩니다. 가장 마음 아픈 예로는 '내가 가진 것이 없으니 사랑받을 자격이 없다.'는 생각입니다. 노력으로 받는 보상과, 우리가 존재 그 자체로 존중되는 것은 다른 영역임에도 말이죠.

이러한 악습은 진심을 드러나지 못하게 합니다. 말 그대로 나 자신을 돌보는 것은 어떠한 조건으로 보상을 기대해야 하는 영역이 아닙니다. 나를 그대로 보고 평온해지는 마음에 도대체 어떤 이득이 있어야 하는 걸까요.

평온과 같은 감정을 저장해두었다가 필요할 때 꺼내 쓴다는 표현은, 그저 표현일 뿐입니다. 선善을 향한 생활에서는 지금 이 순간에 배우자를, 자녀를, 부모를 그대로 대하면 되는 겁니다. 자녀의 밝은 미래를 위해 지금의 사랑을 저장해둘 필요가 없습니다. 돌보는 그 순간에 내 평온이 상호적으로 깃들면 되지요. 내 마음이 '지금, 여기'에 있을 때는 항상 진심인 겁니다. 실은 이것을 잘 알아차리기가 힘듭니다. 마음을 조건으로 활용하면 그 마음에 제 발을 찍게 됩니다. 나의 불평과 험담의 마음이 어떻게 자신에게 돌아오는지 살펴보면 알 수 있죠.

'감정의 흐름을 반복적으로 알아차린다고 해서 별다르게 얻는 게 없다.'는 문장은 탐욕의 문장이지 진심의 말은 아닌 겁니다. 무엇을 얻으려고 했을지 내 마음을 다시 성찰해본다면 분명히 알게 될 겁니다. 다행히도 평온의 상태가 되면 생활은 분명 이롭게 변화됩니다. 감정의 알아차림을 반복적으로 하는 흐름에는 순간순간 사랑의 발자취가 남습니다. 그러니 사랑의 생활로 변화되지요. 그럼에도 거부감이 든다면 그 생각을 가라앉게 놓아두세요. 괜찮습니다.

지금도 우리는 끊임없이 깊어지는 중입니다. 감정이 정화되었는지 알든 모르든 이러는 중에도 평온이 깃드는 중입니다. 우리에게 평온을 향한 갈망이 있는 한 말입니다.

"엄마."라는 말을 천천히 반복적으로 입 밖으로 말해보겠습니다. 한 번 부르고, 3초 후에 또 부르고. 그렇게 3초 간격으로 열 번을 불러보겠습니다. 간격마다 호흡하며 '엄마'를 느껴야겠죠.

엄마- (3초) 엄마- (3초) 엄마- (3초)……

어떤 마음이 드나요. 엄마에 대한 어떤 생각과 감정으로 흔들림이 있더라도, 엄마에 대한 애정은 깊어지는 걸 체험해보세요. 도중에 과거의 엄마가 떠올라서 흔들려도 괜찮습니다. 그대로 보고 흔들리는 나를 받아들여 수용하며 '엄마'를 반복적으로 불러봅니다. 그 반복만큼 가슴에 어떠한 뭉클함도 있을 겁니다. 어쩌면 이미 엄마를 사랑하는 가운데 있는 자신을 알아차리게 될 겁니다. 짧은 예이지만 끊임없이 반복적으로 깊어지는 마음은 위로와 함께 자연히 더욱 새로운 희망으로 피어납니다. 매일 뜨는 태양을 보며 내 마음도 깊어지면 좋겠죠. 사랑이 드러나도록요.

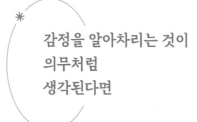

감정을 알아차리는 것이 의무처럼 생각된다면

감정을 반복적으로 알아차리는 것이 의무처럼 느껴진다면, 잠시 멈춰보세요. 이런 의무감 안에서는 진심의 힘이 약해집니다.

의무감으로 마음이 무거워진다는 것을 알아차렸다면 '내가 또 감정에 대해 의무감을 느꼈네.'라며 먼저 나를 그대로 봐주세요. 정화의 경험이 많아질수록 애정 어린 마음이 커져서 그대로 바라보게 될 겁니다. 그리고 다음으로 '내가 의무감을 느낄 수도 있지.'라는 전체성으로 받아들이고, 안정감을 유지하면서 또 어떤 생각을 하고 있는지 관찰해봅니다.

'감정에 대해 요즘 많이 의식하고 있어.'

'마음과 감정을 제대로 잘 공부하고 싶어.'

'요즘은 여러 가지 일들로 힘들어서 마음은 신경을 못 쓰겠어.'

'이걸 꼭 해야 하는 걸까.'

'언제 이 무의식의 부정적인 감정은 사라지는 걸까.'

'다른 사람은 자신의 마음을 잘 들여다보는 것 같은데.'

'어서 감정을 깨끗하게 해서 행복해지고 싶어.'

'이 지긋지긋한 생활을 끝내고 성공하고 싶어.'

'마음만 잘 알면 내가 하는 일에도 결정적인 지식이 될 텐데.'

'나는 왜 이런 사람들만 주변에 있어서 감정을 힘들게 하지.'

'나는 왜 이런 환경에서 태어난 거지.'

'평생을 마음에 관심을 가져도 나는 왜 변화가 없을까.'

'이래서 나의 삶이 바뀌기나 할까.'

'나는 나를 사랑해야만 해.'

또 다른 생각도 있다면 적어봅니다. 그리고 한 문장씩 읽으며 가슴으로 느껴봅니다.

'내가 이런 생각을 했네, 이런 생각을 했구나.'

그리고 떠오르는 생각이나 감정이 있다면 그대로 말로 뱉어봅니다. '이것도 의무처럼 느껴져!'라고 저항될 수도 있고 '이렇게

해보니 마음이 조금 편안해지는걸.'이라며 받아들일 수도 있습니다. 저항도 수용도 모두 **괜찮습니다.** 여기서 괜찮다는 말은 '옳다'는 의미가 아니라 모두 정화의 여정이라는 의미입니다. '그럴 수도 있다'는 의미에 가깝지요. 사랑으로 가는 갈망을 품은 상태라면, 시간이 흐르면 곧 반복적으로 감정을 알아차리는 것이 아무렇지 않은 듯 자연스러워질 겁니다. 책을 읽는 지금이 아니더라도 한가한 시간에 이 내용을 마음속으로 심상화하며 느껴보세요.

우리가 마음을 보며 좀 더 나아지려고 '발전'하는 것은 큰 의미가 없습니다. 이 책에서 감정을 이야기하는 것은 '다른 차원으로의 변화'에 가깝습니다. 자기계발보다 진정으로 나를 변화시키는 성찰을 하려는 것입니다. 현실적인 차원에서 알아차리기 위해 글자를 이용하고 있지만, 이 글자들을 여러분 내면의 침묵 속에서 다시 만나보길 바랍니다.

오늘 나의 마음을 무겁게 하는 감정은 어떤 감정인가요?

오늘 나는 누군가에게 차가운 마음을 그대로 내비쳤나요?

혹은 차가운 마음을 그대로 받았을까요?

그때 내가 느낀 감정 안에 나의 무의식 감정이 있습니다.

나의 무의식을 보라는 신호이지요.

오늘 느낀 나의 무의식 감정을 한두 가지 적어볼까요?

정화의 흐름으로 가고 싶다면, 내 마음을 무겁게 자극한 사람과 행동에서 시선을 거두고 내 안으로 질문해봅니다.

'저 모습이 나란 말인가?'

'그 안에 내 탓도 있나?'

'그 감정을 내가 받아들이고 있나?'

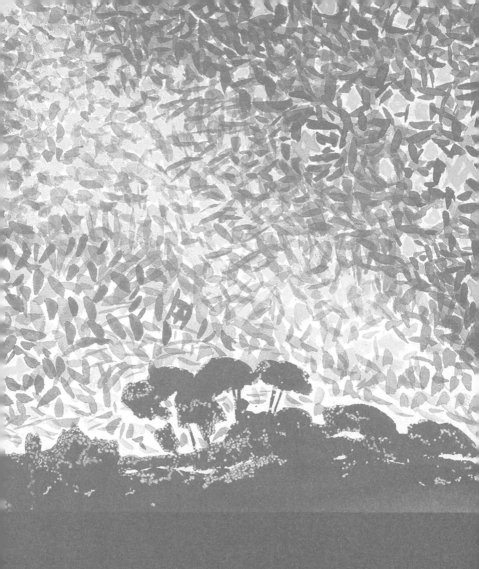

4장

감정 정화로 새롭게
느껴지는 나와의 관계

내 마음은 정화가 필요할까요?

정화의 마음은 어떤 마음일까요?

나의
아픈 곳만
바라보세요

20여 년 전 외국에서 놀이공원에 갔을 때의 일입니다. 놀이공원 곳곳에 휠체어를 탄 아이들이 많았습니다. 당시에는 '외국에는 아픈 친구들이 많은가보네.'라는 생각까지밖에 할 수 없었습니다. 어린 시절을 보내는 동안, 제가 자란 곳에서는 많이 볼 수 없었던 장면이었죠. 그러나 지나고 보니 공공장소에서도 함께 살아가려는 사랑이 가득한 모습이었습니다. 이것은 어떤 마음의 차이일까요?

아픔을 드러낼 수 있다면 이미 치유와 건강함으로 가는 시작 단계에 서 있는 것과 같습니다. 타인의 눈을 피해 고립된 어느 곳에 아픔을 분리해두는 것이 오히려 더 아픔을 키우는 일입니다.

요즘에는 몇십 년 동안 고립시켜두고 모른 체만 했던 아픔을 드러내 보이는 개인들이 많아졌고, 그에 맞는 갈망들도 높아졌습니다. 너무 커져서 드러낼 수밖에 없었던 아픔이라는 면으로 보면 아픔 자체이지만, 고인 염증이 터져 나온 것으로 보면 다행스러운 일입니다.

물질적인 발전만큼 내면의 성장을 부르는 신호이기도 합니다. 그만큼 우리가 내 안의 아픔을 치유하고자 하니, 드러내려는 마음의 변화도 중요하겠습니다. 그렇다고 억지로 나의 아픔을 노출하지 않아도 됩니다. 정화되는 마음 흐름을 따르는 것이어야겠죠.

먼저 나의 아픈 곳만 바라보세요. 그리고 그 아픔이 낫기만을 기도해볼까요?

감당하기 힘든 상처는 나를 그 자리에 주저앉히기도 합니다. 그럴 때, 아픈 곳을 바라보며 먼저 진정해봅니다. 우리가 마음의 치유에 대해 외부로부터 도움을 받았다면 꼭 나의 환부로 연결해야 합니다. '누가 그러더라, 그렇게 나았다더라.' 같은 말은 환부를 맴돌 뿐입니다. 진정한 회복은 오직 아픈 내 마음의 한 부분에서 일어납니다.

다리에 깊은 상처가 나면, 낫는 방법에 대한 많은 정보를 찾고 상처가 언제 나을지 걱정합니다. 하지만 실제로 치유되는 건 깨끗이 나으려는 마음으로 환부에 약을 바르고, 그로 인해 나의 세포들이 변화하기 때문입니다. 혹시나 내 마음의 상처를 두고 외부 어딘가에서 답을 찾으려 하고 있지는 않은지 살펴보세요. 그것이 아무리 최고 권위자의 말이라 할지라도, 나의 아픈 곳을 보는 것만이 진짜입니다.

나의 아픈 그곳만을 바라보세요. 나의 내면의 아픔을 다른 이와 비교하지 않아도 됩니다. 이 아픈 곳을 치유하는 것이 내 인생에 어떤 성장 스토리가 될 것이라는 생각은 필요 없습니다. 자기계발을 하며 이목을 끌 수 있는 성장 스토리를 만들기 위해서 나의 아픔을 치유하는 게 아니죠. 아프다는 이유로 더욱 분노하거나, 나를 아프게 한 타인을 더 미워하고 싶어서도 아닐 겁니다. 외부의 상대에게 아무리 분노와 미움이 있다 하더라도 지금 내게 중요한 건 내 안에 아픔이 있는 그곳을 치유하는 것입니다.

남을 도우며 세상에 이롭고자 하는 선善한 마음도 나의 아픔보다 우선일 수 없고, 주체할 수 없는 내 안의 열정과 광기도 나의 아픔보다 나중입니다. 그러니 그 외 다른 모든 것은 지금 나에게 진실된 것이 아닙니다.

나는 진심 어린 나를 원합니다.

나의 붉은 상처를 보고 침묵해보세요. 억울해 죽겠다는 마음을 이제 진정해보세요. 어린아이들은 눈물범벅으로 목청껏 우느라 이미 주사를 놓은지도 모르고 집에 올 때까지 웁니다. 성인들은 아이들보다 좀 성숙한 편이니까 울음을 멈출 수 있습니다. 모든 것이 괜찮으니까 머리가 울리고 안면이 떨리도록 울던 걸 이제는 멈추세요. 내게 아픔을 주었다고 생각되는 그 대상으로부터의 배신감, 괘씸함, 수치심, 절망감, 우울감 때문에 울었더라도 우선은 나를 위해서 진정해보세요. 코로 크게 숨을 들이마시고 내쉬어봅시다.

그렇게 어루만지듯 지그시 바라보고 있으면 새로운 마음이 자연히 들어옵니다. 나의 아픈 곳이 그대로 받아들여지면 드러내는 일에 부끄러움보다도 더 큰 희망을 담을 수 있습니다. 지금 나의 아픈 감정은 나를 진심 어린 마음으로 봐달라고 손짓하고 있습니다.

*

가장 좋은
마음 치유는
온전한 휴식에서부터

어느 날엔 체력이 약해진 걸 느낍니다. 업무가 늘어나고 음식 조절이 어려운 생활패턴 때문에 몸이 무거워집니다. 쉬는 날엔 누워만 있고 싶은데 옆에선 어서 나가 운동을 해야 한다고 등을 떠밉니다. 편히 집에서 쉴 수도 없네요. 강추위에 밖을 걷는 것조차 더욱 힘들게 느껴집니다. 운동을 하는 것이 좋다는 걸 알지만 지금 상태로선 무리입니다. 걷잡을 수 없이 체력이 약해졌다면, 우리에게 일단 필요한 건 온전한 휴식입니다.

온전한 휴식이란 어떤 것일까요?

무엇을 해야 한다는 생각조차 버리고 가만히 나를 놓아둬볼까요? 푸르고 넓은 바다를 보며 저 너머엔 무엇이 있을지 상상해보거나, 높은 하늘을 보며 이 하늘의 끝을 상상해보고, 자연의 소리를 들으며 내 소울을 편안하게 해주면 좋겠습니다. 더 안전한 곳에 닿기 위해 열심히 달리는 내가 아닌, 이미 그 안전한 어딘가에 와 있음을 느끼는 것이 휴식입니다. 나에게 안전함을 주는 것들을 떠올리며 깊게 수면을 취하는 것도 좋겠네요.

때로는 감정을 느껴야 한다는 것이 지친 마음을 더 지치게 할 수 있습니다. 일상을 지내며 무심히 떠오르는 생각이나 감정이 있는지 기다려보는 것도 좋은 방법입니다. 내가 고요함 속에 있다는 것을 의식할 수 없을 만큼 충분히 쉬는 것이 치유의 시작입니다.

⊸—

어느 정도 삶에서 감정 정화를 진행할 수 있게 되었다면, 수고한 나에게 위로와 격려도 충분히 해주세요. 지금 나에게 정화의 기회로 주어진 어둡고 혼란한 감정에 감사할 수 있는 마음과 그것을 알아차리고 보듬어주느라 신경 쓴 자신을 충분히 위로하며 휴식을 가져보는 겁니다. 관점이 변화되는 정화 여정에는 에너지가 듭니다.

과거에 겪은 이별의 아픔이 아직 남아 있다 해도 아픈 그대로 두세요. 방 정리가 깨끗하게 마무리가 안 된 기분이 든다고 해도, 지금 나는 나아지고 있는 중이니 다그치지 않아도 됩니다. 내 깊은 가슴으로 그 아픔을 바라보고 있으면 분명히 어떤 여유든 찾아오게 됩니다. 왜 어두운 감정이 다 안 사라지는지 화가 날 수도 있습니다. 그조차도 자아이며 나의 욕구입니다. 그런 자신을 알아차리고 조급함을 내려두려고 해보세요. 애쓰고 있던 내 마음에 온전한 휴식을 주는 거죠. 이때 외부로부터 내 마음을 위로받으려고 하진 않아도 됩니다. 홀로 고스란히 느껴보는 겁니다.

사람, 취미, 음식, SNS 같은 외부가 아니라 가능한 한 오로지 나만의 에너지로 고요함을 채워보세요. 외적인 위로를 느끼더라도 소유하려 하진 마세요. 내 아픔의 감정은 오로지 내 안의 진실된 마음으로만 치유된다는 것을 기억하세요. 그리고 진정한 나를 만나는 길에서만, 진정한 위로가 찾아듭니다.

나는 어디서 진정한 위로를 찾고 있나요? 어떤 아픈 감정이 있었나요? 그곳에서 어떤 위로를 받고 싶은 걸까요? 생각과 감정의 마음은 때가 되면 알아서 움직이고 흘러갑니다. 우리는 그 움직임을 보며 느끼면 됩니다. 아무리 좋은 이벤트도 내면의 고요함을 능가할 수 없기에 충분한 휴식이 가장 우선입니다. 그리고 곁에서 진정한 나를 만나도록 도와주는 진심의 경청과 공감이 있다면 수월히 그 자리를 털고 일어날 기운도 나게 됩니다.

**돈을 벌지
않아도 된다는
마음**

우리 마음에 진정한 평온이 있는지 감지할 수 있는 내적 변화를 소개해보려 합니다. 감정 정화가 되면서 현실에서 변화되는 다섯 가지 대표적인 마음입니다.

첫 번째로, 감정 정화로 느껴지는 물질에 대한 자유입니다.

감정 정화는 진심으로 나를 알아차리고, 그대로 수용하며 위로와 축복으로 나아가는 흐름입니다. 즉, 선善이 드러나는 흐름입니다. 내적 변화는 외부의 모든 것을 변화시킵니다. 정화가 부르는 물질적 현상의 변화를 신뢰해도 좋지만, 지금 여기서는 그전에 일어나는 내적 변화에 집중해보겠습니다.

먼저, '돈을 벌지 않아도 된다'는 말을 들었을 때, 자아의 소리와 진정한 나의 소리로 나누어 살펴보겠습니다.

자아의 소리 |

'돈을 안 벌면 어떻게 살지?'
'저 사람은 어렵지 않게 살아서 돈이 필요 없나봐.'
'돈이 많나봐. 돈 걱정이 없으니까 저런 말을 하지.'
'나와 별다를 바 없는 사람 같은데 어떻게 저런 깨달음을 얻었지?'
'돈을 벌어야 남들도 도와가며 살지.'

생각의 고리가 이어질수록 점점 더 불안과 두려움이 커지고 자아의 세계에 빠집니다.

저는 저의 자아를 '고독이'라고, 진정한 나를 '사랑이'라고 부르고 있습니다. 고독이는 자신이 분리될까봐, 이 세상에서 혼자만 고립될까봐 끊임없이 두려워합니다. 고독이의 마음이 현실을 지배하다시피 하기에 우리는 이런 생각을 가지는 것이 당연하다고 단정 짓기도 합니다. 그 반대의 생각을 한다는 것 자체가 낯설고 무모한 듯하죠. '당연히 돈을 벌어야지!'라는 자아 상태에 우리

대부분은 발을 디디고 있을 겁니다. 그러면 사랑이는 어떻게 생각할까요?

소울의 소리 |

'돈은 있어도 되고 없어도 되지.'

'사실 돈과 행복은 실질적으로 무관해.'

'돈이 욕심만큼 없어도 편히 살 수 있어.'

'돈에 대해 걱정하니까 그토록 원하는 돈이 달아나네.'

'선과 사랑을 마음에 담으면 네가 필요한 건 모두 제공되지.'

이 마음은 평온과 사랑을 근원으로 삼는 진정한 소울의 소리입니다. 받아들이기 어렵다 해도 선善의 소리이지요. 현실에서 자아의 소리는 높고 그래서 우리는 불안하지만 이렇게 사랑이의 소리도 나지막하게 우리를 향해 끊임없이 이야기하고 있음을 알아차려야 합니다. 우리가 모른 체하며 회피하는 것뿐입니다.

우리는 사랑이의 소리를 따라 살아야 합니다. 두렵고 불안한데 이 소리를 어떻게 따르라는 건지 답답한 마음이 들 수도 있습니다. 당장 생계를 해결해야 하는데 무슨 마음의 선善을 쌓는 데 신경을 쓰라는 건지 짜증이 나기도 합니다.

그러나 진정한 정화가 일어나면 자연스레 안정감이 밀려옵니다. '돈을 안 벌어도 평온하구나.'라는 마음이 아지랑이처럼 피어오릅니다. 동시에 선과 사랑을 실천하고 싶은 마음이 들어섭니다. 참 신기하죠. 현대인에게는 생명을 안 지키겠다는 의미로 들리기도 할 겁니다.

자, 그런데 이로 인해 돈뿐만 아니라, 세상의 모든 것으로부터 자유로워지는 것 같습니다. 세상의 모든 것에 얽매이지 않게 되는 듯합니다. 그렇다고 당장 돈을 안 버는 행동을 취하라는 것은 아닙니다. 우선 내 마음에서 자유로워졌다는 거죠.

⎯◯⎯

상상해볼까요? 모든 것이 제공된다는 전제하에, '돈을 벌지 않아도 된다'고요.

그렇다면 여러분의 모든 관계나, 일에 어떤 변화가 일어나요? 여유를 가지고 떠올려보세요. 저는 미소가 지어집니다. 애써 붙잡고 있던 인간관계나 업무에 대한 스트레스를 모두 내려둘 수 있게 되어서 기쁘네요.

여러분은 어떤가요? 한편으로 이런 생각도 드시나요?

　'내가 일을 하는 건, 꼭 돈을 벌기 위해서만은 아닌데 이런 상
　상을 해본다는 것 자체가 내가 꼭 돈에 예속된 사람 같잖아?'
　'그래! 돈을 안 벌면 이런 인간들 안 만나도 되고, 이런 일들 다
　필요 없지 뭐.'
　'세상 사는 게 돈만으로 되는 건 아닌데 인간관계도 버리고,
　일도 안 한다면 사는 데 의미가 없지 않을까?'

'돈을 벌지 않아도 된다'는 마음을 오해하지 마세요.

돈이 필요하지 않다는 뜻이 아닙니다.
돈을 벌어선 안 된다는 뜻도 아닙니다.

　당장 어떤 행동에 변화를 주라는 것이 아닙니다. 일단 먼저 상상
해보는 시간을 가져보세요. '돈을 벌지 않아도 된다, 모든 것이 제
공된다.'는 상상이 주는 자유의 감정을 느껴보자는 겁니다.

　정화를 하기 전의 삶에 비해 내 모든 관계나 일이 좀 더 선善을
우선으로 선택하게 되는 용기가 생겨난다는 의미입니다. 그 용
기는 모든 관계를 좀 더 여유롭게 만들고, 일을 할 때에도 결단력

있는 태도로 영향을 미칩니다.

모든 것에 선善을 우선으로 놓는 용기가 재정의 원활함도 부릅니다. '돈'을 최고로 놓지 않는다면, 더 가치 있고 진짜로 중요한 것들이 먼저 움직일 테니까요.

죽음이
두렵지 않다는
마음

우리가 '건강해야지! 죽으면 안 돼!'라는 강한 다짐을 가진다고 해서 죽음이 두렵지 않은 마음이 바로 생기는 건 아닙니다. 또한 죽음에 대해 여유를 가진다는 것은, 어쩌면 당장 아프지 않으니까 죽음을 관망하는 것이거나 '누구나 다 죽는다'는 보편성을 이해하는 정도뿐일지 모릅니다.

인간 내면의 불안과 두려움은 많은 부분 '죽음'에서 시작됩니다. 우리 몸과 자아의 두려움의 근원이기 때문입니다. 그렇기에 죽음은 편안한 주제는 아닙니다.

그럼에도 불구하고 정화가 진행되면서 자연스럽게 찾아오는 내적 변화 두 번째는 죽음에 대한 자유입니다. 과연 저도 얼마큼 자유로워졌는지는 모릅니다. 하지만 이 자유의 맛을 알게 되었으니, 수련이 이어지는 삶 동안 두려워하는 방향으로 나아가진 않을 테죠.

이번에도 자아의 소리와 진정한 나의 소리로 나누어 살펴보겠습니다.

자아의 소리 |

> '나도 실은 죽음은 안 두려워. 죽는 과정에서 고통스러운 게 무서운 거지.' (실은 그게 그 말인 거죠.)
> '안 아프니까 그런 말을 할 수 있지.'
> '혼자 사니까 그렇지, 가족들 때문에라도 오래 살아야지.'
> '그러면 죽어보라지?'
> '자기는 사람 아닌가? 죽는 게 안 두렵다고?'

좀 격한 자아의 소리를 적었는데요. 이 외에도 다른 많은 소리가 들려올 수 있겠죠. 저는 죽음에 대해 아예 생각조차 하지 않았을 때도 있었고, 아플 때는 지금 삶의 행복과 애착에 가슴이 서리도록 눈물도 나더군요. 보고 싶은 사람들, 내가 곁에 있지 않아서 안쓰러운 사람들, 그동안 내 뜻대로 하지 못해 후회되는 것 등 여러 가지 생각이 떠오를 수 있지요.

이번에는 '죽음이 두렵지 않다'는 말에 대해 소울 사랑이의 소리를 살펴봅니다.

소울의 소리 |

'네 영혼은 그대로 존재한다는 의미야.'
'이 몸으로 내 영혼이 현생에서 이만큼 배울 수 있었네.'
'이 생애에서 함께한 모든 사람들 덕분이었어.'
'육신을 벗어난 그곳은 인간의 현실 세계와 달리 모든 것이 평화로울 거야.'

살면서 우리가 했던 노력이 무색하게 여겨질 수도 있지만, 그래도 한번 꾸준히 나의 소울을 존재로서 의식해봅시다. 의식하는 대로 에너지는 현실에 나타나니까, 긍정 확언을 하듯이 위의 말들을 한 번씩 되뇌는 것도 도움이 됩니다.

또, 진정한 정화는 감정의 중심에서 일어나니까 어느 날, 기회처럼 찾아오는 극심한 감정이 있다면, 감정에 매몰되지 말고 얼른 알아차려보세요. '아! 죽고 싶은 만큼 괴로운 감정일뿐이지, 진정한 나는 그렇지 않아! 지금이 내가 사랑이의 말을 선택할 기회구나!' 라고 내 마음을 알아차리면, 그 극심한 감정이 반전을 불러오며 행운의 기회가 될 겁니다. 제가 그랬듯이요. 물론 지금 되돌아보면 이렇게 알아차릴 수 있는 마음도 신비롭습니다.

마음에 진정한 정화가 이루어지면 자연스레 '이대로 이 생을 떠나도 괜찮겠구나, 죽음이 그리 두렵지 않은걸.' 하는 마음이 생깁니다. 이 마음 또한 기적입니다.

———○———

상상해볼까요? 사후에 모두 평화로운 곳으로 안내받는다는 전제하에, '죽음은 두렵지 않다'고요.

내가 죽어도 괜찮다면? 그래서 여전히 안전하다는 마음이 든다면? 우리는 모두 다시 만난다는 믿음이 있다면? 어떤 마음이 드나요?

'오늘이 너무 소중한걸!'
'지금 마주하는 배우자와 즐겁게 한시라도 같이 보내고 싶어!'

'자녀들과 내가 이 생에서 만난 건 참 귀한 일이야.'

'내 주변 사람들과 있었던 다툼은 아무 일도 아니었네. 그냥 다 지나가는 거야.'

주변의 사람과 상황들에 대해 소중한 마음이 커집니다.

'죽음이 두렵지 않다'는 마음을 오해하지 마세요.

병을 진단받았을 때 겁나지 않거나 놀라지 않는다는 뜻이 아닙니다.

죽음을 보고 슬픈 감정이 없다는 뜻이 아닙니다.

지금 죽어도 아무 상관이 없다는 뜻이 아닙니다.

놀라움, 걱정, 슬픔, 두려움이라는 감정과 생각들이 안 생긴다는 것이 아니라, 단지 그것에만 머물지 않는다는 의미입니다. 즉, 이런 자아의 마음이 생겨도 빠르게 넘어간다는 표현이 맞을 것 같습니다. 인간의 몸으로 현생을 살면서 감정과 생각이 들지 않는다는 건 이상한 일이죠. 몸이 죽을 때만이 감정과 생각을 못 느끼는 겁니다. 오히려 정화를 경험하고 나면 그전보다도 더욱 예민하게 감정과 생각을 놓치지 않게 됩니다. 그만큼 내 안의 소울의 신성과 빠르게 맞닿으면서 내가 지금 느끼는 마음이 허상이라는 직관이 자동으로 이어집니다. 즉, 선善의 소울로 감정과 생각이라는 마음이 삼켜지는 형상입니다. 정도의 차이는 있겠지만 이것이 정화의 힘입니다.

이렇게 우리의 내면이 안정을 유지한다는 것은, 외부적인 현실도 안정으로 창조된다는 겁니다. 현실에서 '돈'과 '죽음'만큼 인간의 자유를 묶는 강력한 족쇄는 없을 겁니다. 내 마음에서 족쇄가 풀리는 것을 감지할 수 있다면 무한한 자유를 선사받을 겁니다.

부모님께
감사하는
마음

우리는 지금 감정 정화로 느껴지는 내적 변화를 이야기하고 있습니다. 아직 체험 전이라면 참고하듯 읽으셔도 좋고, 일부라도 나의 삶과 겹쳐지는 부분이 있다면 공감해보세요.

정화로 느껴지는 내면의 변화 세 번째는 부모님에 대한 감사의 마음입니다.

삶의 신호는 여러 겹으로 쌓여옵니다. 당장 소화가 안 된다면, 음식을 급하게 먹었기 때문이라고 우선 떠올리겠지만 한 겹 더 벗겨보면 그렇게 급하게 먹을 수밖에 없었던 이유가 있지요. 일이 바빠서, 조급한 성격이어서, 습관적으로 등등. 이런 식으로 내게 찾아온 감정을 한 겹씩 벗겨서 어느 정도 끝에 닿으면 지금 내가 느끼는 대부분의 자극은 나의 부모로부터 기인했다는 것을 알게 됩니다. 내가 받아들이고 싶든 받아들이고 싶지 않든 부모는 내가 자라는 데 가장 가까이에서 영향을 주고, 나의 무의식을 구성하는 원형입니다.

우리가 나이를 먹을수록, 부모와 나의 관계를 거듭 깨닫게 됩니다. 상처를 주었든, 사랑을 주었든 떼려야 뗄 수 없는 관계라는 것을요. 나를 여러 면으로 자극하는 사회 속에서 분주하게 열심히 살다보면 부모보다는 현재 가까이에 있는 친구나 동료, 이성, 일 등에서 나를 치유하려는 모습을 보이기도 합니다. 어쩌면 점점 부모님의 모습과 닮아가는 나의 모습에 무의식적으로 가까이 다가가기를 두려워할 수도 있습니다.

그러나 부모의 모습이 완벽하지 못하더라도 내가 돌아가서 얼굴을 비비고 웃고 울 곳은 부모 곁이라는 알아차림이 들어올 때가 있습니다. 제게도 이러한 경험이 있습니다. 20여 년이라는 시간 동안 세계 오지로 떠돌다가 다시 나의 제자리로 돌아온 느낌이었습니다. 이때 흐트러진 내 모습을 보면서도 나의 모든 것은 부모의 사랑에서 주어진 것이라는 감사가 강렬히 느껴졌습니다.

이때 느껴지는 마음을 자아의 소리와 진정한 나의 소리로 나누어 살펴보겠습니다.

자아의 소리 |

'나는 이미 부모님께 감사해하는데, 뭘 더 감사하라는 거지?'

'부모님께 여태 이 정도면 잘해왔는걸. 그렇게 살지 못한 사람들에게만 해당되는 얘기야.'

'나는 지금도 부모님을 이해할 수 없고, 용서는 더욱 안 돼.'

'나의 부모에게 감사를 느끼는 날은 없을 거야. 부모는 나를 버렸잖아.'

'직장 생활하느라 바쁜데, 어떻게 매번 부모님을 챙겨? 그렇다고 부모에 대한 감사도 모르는 불효자는 아니라고.'

어쩌면 우리는 부모에게 소홀했을 나의 모습을 받아들이고 싶지 않을 수 있습니다. 나의 자아가 말합니다. 부모님은 내가 신경 쓰지 않아도 잘 살 거라고, 그냥 내 앞가림이나 잘하라고 말이죠. 자식인 나는 사회에서 남들 못지않게 성공하고, 진취적으로 살고, 인정받는 일원이 되는 게 효도하는 거라 생각합니다. 가정을 가지고, 멋지게 손자 손녀를 키워내는 일 같은 것 말이죠. 이런 식으로 부모를 안심시키는 것이 보답하는 것이라 여깁니다. 그런데 우리가 대단하게 착각하는 점이 있습니다. 이렇게 살아내야만 했던 모든 이유가 실은 부모를 위한 것이 아닌 나를 위한 것이었으며, 특히 내 자아의 욕구를 위해서였다는 것입니다. 사실은, 누구를 위한 것이든 이 대단한 것들이 부모와 나 사이에 애초에 어떤 조건으로도 존재하지 않았음을 알 수 있습니다.

우리는 어떤 조건 없이도 사랑받는 존재니까요.

이런 와중에도 사랑이가 부모님의 마음을 들려줍니다.

소울의 소리 |

'몸은 멀어져도 부모님이 인연의 끈을 항상 붙잡고 있어.'
'부모님은 언제나 너와 함께 있다는 마음으로 지내고 계셔.'
'아무쪼록 건강하게 지내길 바라고 계셔.'
'볼멘소리를 했을지언정 항상 너희와 연락되길 바라서.'

부모가 자녀에게 가지는 진정한 마음입니다. 이런 사랑의 말은 듣지 못했다며 불평했던 날들, 도움 하나 받지 못했다며 당신들을 무력하게 만들었던 날들에 대해 사무치도록 부모님이 그리운 날이 옵니다.

진정한 정화가 일어나면 자연스레 '내가 부모님께 소홀했어, 부모님의 마음을 아프게 했구나, 그때 서운하셨겠구나.'라는 사랑의 마음이 자아의 소리를 밀어냅니다. 그리고 내 존재의 뿌리가 와야 할 곳에 왔다는 강한 의식이 듭니다.

———⊙———

상상해볼까요? 부모님이 나를 조건 없이 사랑한다는 전제하에, '나의 모든 감사는 나의 부모로부터 왔다'고요.

무조건 나를 사랑해주는 나의 아빠, 엄마와 지금 식사를 함께 한다면, 나의 동네를 같이 걷는다면, 여행을 간다면, 모여 앉아 이야기를 나눈다면, 그동안의 모든 마음의 찌꺼기가 아무것도 아니구나, 라는 마음이 들겠지요. 당장이라도 달려가 부모님을 만나고 싶네요. 그동안 왜 그렇게 지내지 못했는지 안타까운 마음에 눈물이 나기도 합니다.

'나의 모든 감사는 나의 부모로부터 온다'는 마음을 오해하지 마세요.

부모에게 지금 용서의 말을 먼저 해야 한다는 것이 아닙니다.

부모가 내게 모진 말을 했던 것이 옳다는 의미도 아닙니다. 그 모진 말조차도 부모의 입장에서 이해가 될 때가 옵니다.

———○———

저 역시 고통받던 시간 중에 내 인생은 나 혼자 헤쳐 나가야 한다는 외로운 신념이 있었습니다. 그리고 무심히 몇 해가 흘렀습니다. 시간이 흐르고 나서, 예전의 내 모습이 떠오를 때가 있었지만 부모님의 마음을 얼마나 아프게 했는지 인정하고 싶지 않았습니다. 지난 일인데 괜히 유난스럽다는 생각이 들면서 회피하기도 했습니다. 그런데 정화는 그 지점으로 저를 다시 데리고 왔습니다.

'엄마, 아빠, 미안해요. 그때 많이 서운했죠. 그런 딸의 모습을 보느라 마음 아팠죠.'

묵은 덩어리가 입으로 터져 나왔습니다. 내 마음에서 부모님에 대한 '어떤 마음'이 '아무것도 아닌 마음'으로 서서히 옅어졌습니다. 동시에 깊고 뜨겁게 차오르는 내 존재의 탄생과 이 세상과의 연결이 상상되면서 느껴집니다. 나를 이 세상에 태어나게 해준 부모의 자리에서 숨을 느낍니다.

언제든 내 안에 '지금 무엇을 담고 있느냐'가 중요합니다. 어떤 사연이든 중요하지 않습니다. 내가 당신들의 몸을 통해 나의 몸을 가지게 된 원초의 신비까지 닿는다면, 그래서 나의 부모에 대한 감사와 사랑이 완성된다면 세상의 모든 관계는 자연히 부드러워집니다.

**평온 자체가
치유라는
마음**

정화가 거듭되면서 일상은 평온해집니다. 그런데 어느 날, 이런 걱정이 올라옵니다.

'내가 이렇게 평온하게 살아도 되는 걸까?'

우리의 마음이 깨끗해지고 치유가 되었다는 생각이 들면 나에 대해 다 해결한 것이 아닐까 기대하게 되죠. 그런데 위와 같은 생각이 들면서 의욕이 사라진다면 자아의 소리에 휩싸인 것입니다. 만약 '치유가 되었다'고 느낀다면 자신에게 진솔하게 다시 질문 해보세요.

'정말 진심으로 내 마음이 낫길 바랐니?'

'아픈 부위가 어디였니?'

'무엇을 위해서 치유되길 바랐니?'

네 번째는 정화로 느껴지는 평온 자체가 치유라는 마음입니다.

자아의 소리와 소울의 소리로 나누어 살펴보겠습니다.

자아의 소리 |

'평온함을 느끼는데도 왜 여전히 과거가 떠오르지? 이상하네?'

'평온하지만 이게 끝이 아닌 거 같은데.'

'도대체 치유의 끝은 어딜까?'

'정화와 치유의 끝은 있을까?'

역시 자아답죠. '치유되었다'는 생각이 들어도 만족스럽지 않고 끊임없이 또 헤매며 불안해합니다. 이제 좀 나아졌다는 마음이 들 때조차 자아는 끊임없이 의심하고 충분한 감정을 허락하지 않죠. 실은 일상에서 평온함을 느끼는 날들도 많이 체험합니다. 단 짧게 지나쳐버려서 아쉬울 따름이죠.

몸의 한곳이 손상되어 붉은 피가 보이고, 상처가 생겼다고 해봅시다. 당분간은 약을 바르면서도 걱정이 멈추지 않고 신경이 곤두섭니다. 그러다 딱지가 생기면 통증도 덜하고 아무는 시간이라는 안심이 듭니다. 이제는 상처가 낫고 있음을 알 수 있고, 그만큼 상처에 대한 아픔도 걱정도 자연히 옅어집니다. 그리고 '아, 내가 낫고 있구나.' 하고 안심이 되면서 일상을 지내죠. 이제 상처는 더 이상 나의 걱정거리가 아닙니다. 이미 내 마음에서는 완전히 나았기 때문이죠.

그런데 '마음'의 치유는 어떤가요. 내면은 보이지도 않고, 계속 과거의 일이 떠오릅니다. 와중에 내가 나아지는 것인지 내 감이 틀린 건 아닌지 의심으로 기울게 됩니다. 이것이 자아, 마음의 속성이죠. 마음은 치유가 되었더라도, 이 생을 사는 동안에는 과거와 억겁의 무의식 감정을 꾸준히 불러옵니다. 원래 그런 겁니다.

그렇다면 '이렇게 계속 무의식 감정이 떠오르면 정화할 의미가 없지 않을까요?'라는 의문이 생길 수 있습니다. 그러나 분명한 차이가 있습니다. 치유가 된 후에 떠오르는 거듭된 과거는 치유 전의 날들보다 좀 더 빠르고 선명하게 '있는 그대로' 볼 수 있게 되어, 크고 아픈 감정의 구덩이로 빠지지 않게 됩니다. 그러니 내가 '치유되었다'라는 생각은 아직 치유되어야 할 감정이 남아 있다

는 뜻입니다. 그 남은 감정의 여운 안에서 또 의심을 불러오는데,
이제는 그럴 때마다 알아차리면 되는 겁니다.

'아, 그때 아팠지, 그랬었지. 과거의 그 일은 별것 아니었어. 아
무것도 아닌 거였어.'

이 알아차림이 거듭되며 정화의 바다로 흘러가는 겁니다. 이제
'평온 자체가 치유'라는 말에 대해 '사랑이'의 소리를 들어볼까
요?

소울의 소리 |

'이제 평온을 느끼는구나, 이대로를 믿으렴.'
'그래, 네 곁에 언제나 평온이 존재해.'
'이것이 전부란다.'
'지금 네가 맞아.'
'나와 다른 모든 것도 다른 그대로 맞아.'

진정한 치유는 나를 축하하며 평온으로 찬 나를 힘껏 안아줍니
다. 자아와는 다르게, 만족하는 상태가 되죠. 기대와 욕구에 대해
어떤 조건도 없는 자체로 충분합니다. '아, 나에게 더 이상 무엇도

필요하지 않구나.'라는 마음이 스밉니다.

하지만 정화가 나의 또 다른 어떤 목적을 이루어줘야 한다는 생각이 있었다면 그 틈을 타서 자아는 탐욕을 부릅니다. 그 탐욕은 스스로 알 수도 모를 수도 있는데, 치유에 대한 자신의 마음을 보면 가늠할 수 있겠죠.

상상해볼까요? 오로지 나의 아픈 부위가 낫는 것만이 정화의 이유라는 전제하에, '치유되었다'고요.

아픈 마음에 용서도 받고, 미안하다는 말도 들은 겁니다. 그 이상으로 따스한 품으로 안아주고 진심의 축복도 받았다면, 벅찬 감동이 밀려오겠죠.

'이렇게 편해질 수 있다니.'
'이렇게 많은 것을 가지고 산다니.'
'이 세상에서 모든 것을 제공받고 있다니.'
'내가 이렇게 감사를 느낄 수 있다니.'
'이미 내가 충분했다니.'

여기에 머물러 힘껏 느껴보시고, 충분히 사랑이를 반복적으로 의식해보세요. 이렇게 강렬한 치유의 감정 곁에서조차 자아는 틈을 노리고 있답니다. 그러나 이를 걱정하지 않아도 되는 이유는 사랑이와 고독이 사이를 거듭 알아주면서 우리 안에 어느새 충만함이 채워져 있을 것이기 때문입니다. 치유와 정화는 평생 일어납니다. 인간이 생각하는 '끝'이란 한계가 정화에는 없습니다. 생각으로는 답답할 수 있지만 체험으로 가벼워집니다. 이 무한한 감정 안에서 인간의 숭고함을 체험해보세요.

'평온 자체가 치유다'라는 마음을 오해하지 마세요.

내게 더 이상 필요한 게 없다는 마음이 타인에게 요구사항이 없다는 의미가 아닙니다.

평온의 상태에서 요구가 생기면, 기존보다 소유력이 옅어집니다. 요구하는 내 마음에서 독짐과 독신의 마음이 사라지는 거죠. 예로 사위나 며느리를 바라보며 더이상 필요한 게 없다는 마음이 들어선다면, 좀 더 초연한 상태에 머물게 될 겁니다. 불평이나 미움은 들어오지 않죠.

또 치유에 대해서도 더이상 필요한 게 없다는 마음이 듭니다.

상처가 완벽히 나으면 상처를 생각하지 않게 되죠. 지금 나은 것에 대해 충만과 감사함이 커지면 끝없이 바라는 자아의 마음을 밀어냅니다.

'평온'은 내가 상상하는 범위에만 있지 않습니다. 우리의 상상 그 너머까지 펼쳐져 있죠. 평온이라는 어떤 실체가 있다고 하더라도 우리는 그 실체를 모를 겁니다. 그럼에도 반복적으로 의식하며 풍성함을 체험할 수 있습니다. 이 또한 감사한 일입니다.

모든 것에
감사를 느끼는
마음

인간은 존재로서 살아갈 때 참 아름답게 느껴집니다. 감정 정화
가 되면서 느껴지는 내적 변화의 마지막 내용입니다. 순서를 크
게 신경쓰진 않아도 되지만, 정화로 인해 일상에서 나타나는 최
종적인 모습이긴 합니다.

　모는 것에 감사가 느껴진다는 진실입니다. 이 '모든 것'이란 내
게 어떤 기쁨과 슬픔이 오더라도, 어떤 사물을 얻거나 잃게 되더
라도, 어떤 사람과의 만남과 이별에 대해서도, 길거리를 가다가
마주하는 크고 작은 사물부터 건물까지 내가 마주하는 시간적,
공간적, 물질적인 모든 것을 말합니다. 이것을 '일상의 작은 것에
서도 감사, 모든 순간에도 감사'라고 표현합니다.

이런 말을 들으면 오히려 더 거리감이나 부담감을 느낄 수도 있습니다. 그건 아마도 감사하기 목록을 만 가지는 써야 한다는 긴장감 같은 게 아닐까요. 이러한 생각이 들었다는 것은 앞서도 말씀드렸다시피 내가 감사 능력이 부족해서가 아니라, 이원 대립적인 현실이 있기 때문이라는 것을 알 수 있기를 바랍니다. 그때 '아! 나는 모든 순간에 감사가 어렵게 느껴지네.'라고 생각이 든 걸 인정하면 되죠. 그리고 다시 노력과 의지로 감사하려는 자신을 그대로 볼 수 있으면 됩니다.

그러면 어떻게 해볼 수 있을까요? 잠시 이 마음을 정화의 흐름으로 보겠습니다. 먼저, '나도 감사 자체가 되고 싶다'는 순수한 갈망을 가슴으로 원해봅니다. 두세 번 말해보며 충분히 머물렀다면, 감사에 대해 들어오는 지금의 내 마음을 관찰해보는 것부터 시작입니다.

'감사를 이렇게까지 해야 하나.'
'감사가 왜 이리 어려운 거지?'
'지금껏 감사일지를 써왔지만 결국 감정일기 정도인걸.'
'바쁜데 모든 순간에 어찌 감사를 느끼나.'
'성공한 사람들처럼 감사노트를 써볼까.'
'감사하면 물질적으로도 풍요로워진다고 했지?'

'감사하는 사람에 대해 좋은 이미지가 있으니까 사람들로부터 인정받을 거야.'

이 마음을 한 겹 벗겨보면 좀 더 명확한 생각들이 나옵니다.

'감사가 무의미하다고 내가 느끼는구나.'
'감사가 내게 어떤 이로움을 줄 거라고 생각하고 있구나.'

그 욕망의 마음을 그대로 '절대적으로 수용'해봅니다. 이 모든 마음은 자아의 소리입니다.

'내가 왜 감사를 무의미하게 생각해? 내가 얼마나 감사할 줄 아는 사람인데.'
'감사가 이로움을 주는 건 당연한 거 아닌가? 이로움을 생각하는 게 나쁜가?'

저항이 올라온다면 또 그런 내 자아를 그대로 바라봅니다. 그리고 나의 과거에서 이런 모습을 찾아봅니다. 감사하는 생활을 강요받았던 때, 받은 것에 감사하지 않고 이득만을 우선으로 내세우는 나의 모습, 가족 구성원의 모습, 모르는 사람의 모습들을 떠올려봅니다. 이 어딘가에 무의미한 마음과 내 이로움을 먼저 앞세우는 마음에 대한 실마리가 있을 겁니다.

그리고 발견했다면 내 안에 방치되어 있을지 모르는 내면아이에게 다가가서 말을 건네며 안아줘보세요. 진심으로 느껴야 합니다. 그리고 다시 내 현실의 '모든 순간에 감사'라는 문장을 바라보며 달라진 내 마음을 보세요.

감정 정화는 어떤 좋은 결과를 위해서 억지로 애쓰라고 안내하진 않습니다. 언제든 부담과 긴장이 떠오르는 건 느끼지만, 이 순간마다 알아차리고 정화를 하며 이어나아가기에, 이미 변화된 존재 에너지로 흐르게 될 겁니다. 그리하여 최종적으로 나에게 감사와 기쁨이 더 크게 자리합니다. 힘들었던 마음보다도 진정한 기쁨에 더 사로잡히게 됩니다.

감사일기를 쓰거나 감사를 느껴본 경험이 있다면, 내가 감사 자체가 되는 체험까지 갈망해봅시다. 진정한 감사는 감정에만 머물지 않습니다. 감사하다고 말하면서 일상의 모습은 거칠거나 걱정에 휩싸여 있지 않습니다. 정화로 인한 감사는 내가 따뜻한 말과 다정한 태도를 지니게 합니다.

이번에도 자아의 소리와 진정한 나의 소리로 나누어 살펴보겠습니다.

자아의 소리 |

　'이 정도로 감사를 느끼면 되지. 뭘 더 하라고 해?'

　'그렇게 세세한 것까지 감사를 느끼는 게 억지 아닌가?'

아직 정화가 안 된 입장에서는 작은 것에 감사 느끼기는 불편하고 의무같이 느껴집니다. 물론 감사의 힘과 감사의 감정이 얼마나 좋은 줄 알면서도요. 정화가 되면 감사의 마음이 일시적인 게 아니라 지속적인 연결로 일어나 매사에 감사할 수 있게 됩니다.

소울의 소리 |

　'나는 존재 자체지.'

　'참 행복이 느껴져.'

　'세상의 아름다움이 보여.'

　'어떤 무엇도 원하는 게 없어.'

　'이대로 충만하고 좋아.'

　우리가 의식하지 못하더라도 우리의 가슴 안에서 '사랑이'는 항상 이렇게 말하고 있지요. 우리가 불평을 할 때조차도 사랑이는 감사를 끌어당기고 있습니다. 이런 사랑이의 소리를 들으려면 마음 표면이 조용해야 할 텐데, 불평이 차 있을 땐 감사의 소리를 잘 알아차리기가 어렵습니다.

감정이 정화되면 모든 것에 나의 소울이 닿아 있음이 자연스레 느껴집니다. 자신이 곧 신이라는 느낌도 옵니다. 더욱 큰 감사함이 느껴지고 존재는 고요합니다.

———⊖———

상상해볼까요? 내 마음에 감사에 대한 순수한 갈망이 있다는 전제하에, 모든 것에 감사를 느껴봅니다. 돈, 명예, 권력, 소유, 사람, 물건, 집, 환경, 건강 등에서 모든 순간에 감사가 느껴진다면 어떨 것 같으세요?

모든 것에 감사를 느끼는 마음을 오해하지 마세요.

불평이 없다는 것이 아닙니다.
매번 감사의 감탄을 연발한다는 것이 아닙니다.
인간관계에서, 모두가 다 좋은 사람이라고 생각한다는 것이 아닙니다.

불평이 오더라도 그대로 바라볼 수 있고, 감탄을 겉으로 연발하지 않아도 감사의 낯빛이 켜져 있고, 나와 맞지 않는 사람을 그대로 바라봄으로써 거절과 거리를 둘 수 있는 담대한 사랑이 생긴다는 의미입니다.

진정한 정화는 자연스럽게 옵니다. 그리고 진심의 물결만을 타고 옵니다. 그 어떤 현세적 욕구가 아닌, 오직 신성과 일치되고픈 의식 안에서만 옵니다. 매 순간이 신비롭다는 감정이 들고 이 생이 아름답다는 생각을 하며, 현실에 있는 사람과의 관계, 일 등에 매이지 않게 됩니다. 우리에게 진정으로 중요한 것이 무엇인지, 내게 진실한 것이 무엇인지 바로 보게 되면서 허공의 생존 동아줄을 놓아두게 됩니다. 대지의 푸른 초원에서 자유롭게 지내는 것입니다. 이것이 정화의 마지막 진실이며, 삶 전체를 변화시킵니다. 전부 다르게 보이고, 그만큼 전부 진심으로 대하게 됩니다. 이것이 헤맴의 끝입니다.

아침에 눈을 뜸에 감사, 걸어서 욕실에 갈 수 있음에 감사, 화장실에서 혼자 볼일을 볼 수 있음에 감사, 거울을 볼 수 있음에 감사, 허리를 숙여 양치질을 하고 머리를 감을 수 있음에 감사, 음식이 있음에 감사, 숟가락을 사용할 수 있음에 감사, 음식을 씹을 수 있음에 감사, 물을 목구멍으로 넘길 수 있음에 감사, 커피를 마실 수 있음에 감사, 먼저 연락 오는 마음에 감사할 수 있는 자신에게 감사, 상대의 퉁명스러운 말에 동요되지 않음에 감사, 그 자리에 그대로 있음에 감사, 하늘을 볼 수 있음에 감사, 호흡할 수 있음에 감사, 일상에 감사, 지금 여기에 있음에 감사.

진정으로 느껴지시나요?

일상에서 실천할 수 있는 간단한 방법을 한 가지 알려드릴
게요.

내 마음은 낯빛으로 드러납니다.
얼굴은 얼이 담긴 굴레라고도 합니다. 감사와 감동에 인색
한 얼굴로 하루를 보내고 있다면, 나에게 정화가 필요하다
는 것입니다.

먼저 숨을 크게 들이마시며 눈도 크게 뜨고, 입꼬리도 올려
서 미소를 지어 보세요. 미소 어린 표정으로 하루를 채워볼
까요?

미음이 홀가분하고 자유로워집니다.

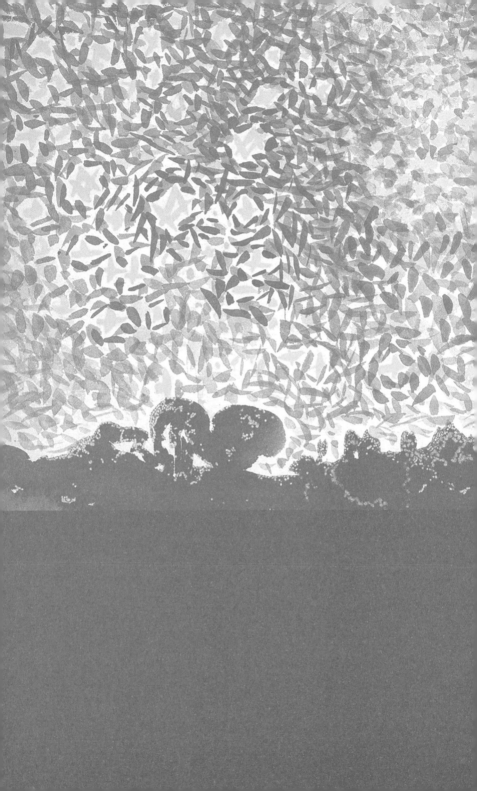

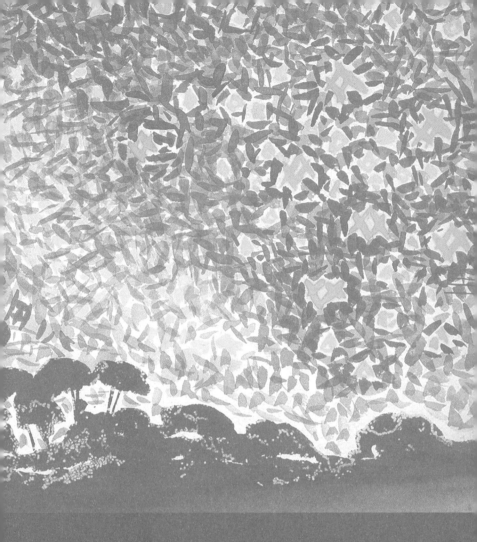

5장

감정 정화로 새롭게
느껴지는 타인과의 관계

나의 부모, 친구는 나에게 어떤 존재일까요?

세상은 나에게 어떤 의미일까요?

외부 현실은 나의 무의식을 비추는 거울입니다. 일상에서 상대를 보며 이해되지 않는 점일수록 나의 깊은 무의식이 비치는 것으로 보아도 무리가 없습니다. 나조차도 알지 못한 채 내 삶의 스토리를 만들고 있는 나의 무의식 감정이 상대를 통해 확인되는 거죠.

외부의 사건, 사고와 사람들의 이기심, 탐욕, 소유욕, 폭력성 등이 나의 무의식을 비추는 것이라고 받아들이기는 쉽지 않습니다. 나는 절대로 누군가를 해친 적도 없고, 사기를 친 적도 없는데 그런 모습을 보게 되니 말이죠.

우리는 개인의 무의식만이 아니라 집단의 무의식에서도 영향을 받습니다. 국가마다 가지고 있는 오랜 역사 속에서, 전쟁의 아픔과 인권이 제대로 지켜지지 못한 상황들이 있었음을 모두 알고 계실 겁니다. 그런 폭력성과 비극이 겉으로 드러나는 사건뿐 아니라 행동이나 말로써, 감정 전이로 이어지는 것이죠.

예를 들어, 외부 현실에서 친부모를 가해한 장면을 보게 되었다면, 내가 똑같이 가해하는 겉모습이 아니라 내 마음에서 일어난 가해의 한순간을 보여주기도 한다는 것이죠. 즉, 가해하기로 마음먹었던 감정이라는 표현이 적절할 것 같습니다.

또 외부 현실에서 정신적, 물질적으로 큰 선행을 하는 모습을 보게 된다면, 당장 선행을 실천하지 못하고 있더라도 내 마음에서 '나도 꼭 타인을 도와주고 싶어.'라고 마음을 먹었던 때까지 포함해서 비추어지는 것입니다. 이렇게 진심으로 마음을 다잡는 순간들이 있을 겁니다. 이 순간의 마음이 현실을 만드는 데 결정적입니다.

나에게는 어떤 마음들이 있었는지 잠시 떠올려볼까요.

이번 시험 공부는 정말 열심히 해야지, 이제는 엄마한테 아침에 투덜대지 말아야지, 아무리 작은 쓰레기라도 길거리에 버리지 말아야지, 오늘 사람들한테 친절히 대해야지, 평온의 마음을 가져봐야지 등 진심으로 마음을 먹는 순간들이 있습니다. 시간적으로는 굉장히 짧은 순간이어서 의식하지 못할 수도 있습니다. 마음을 다잡는 시간이 꼭 길게 필요한 건 아닙니다. 설사 많은 시간을 들여 의식한다 하여도 나에게 어떤 유익한 욕구를 채우려는 생각들로 차 있다면 어느새 진심은 사라지기도 합니다. 영적 세계에서는 '찰나'라도 진심인 마음이면 충분합니다.

이 진심의 마음이 만들어낸 결과가 지금 만족스럽지 못하더라도 걱정은 안 하셔도 됩니다. 이미 우리의 진심 어린 마음은 선善과 연결이 되었기 때문입니다. 선은 내가 원하는 것보다 지금 나에게 필요한 삶의 연결을 우선으로 해줍니다.

타인이 나의 무의식을 비추는 거울이라고 하지만, 상대의 겉모습만으로는 나와 유사한지 제대로 알 수 없을지 모릅니다. 우리가 현실에서 그 상대의 무의식까지 깊이 알면서 만나진 않을 테니까요. 또 상대의 무의식을 알아주고 싶을 만큼 우리는 깊은 관심이 있지도 않죠. 나에게 좋은 영향을 미치는 범위 내에서나 관심이 있을 뿐입니다. 나에게 나쁜 영향을 주는 상대는 바로 멀리하거나 미워하게 되는데, 실은 그 모습이 나의 무의식과 연결되어 있습니다. 이때 꼭 알아야 하는 건 멀리하고 미워하는 그 사람은 또다른 나 자신임을 감지하면서 따스한 위로와 축복의 마음으로 대할 수 있어야 한다는 것입니다. 몸이 멀어지더라도 마음만은요.

감정 정화를 할 때는 언제나 외부로부터 오는 자극들을 모두 내 안을 이해할 수 있는 해석의 통로로 여기면 좋습니다. 그러면 외부에서 자극이 와도 무모하게 붙잡고 진정한 나를 잃어버리진 않을 겁니다.

타인도 자신의
무의식대로
행동한다는 것을 알기

타인의 모습은 나의 무의식을 보여주기도 하지만, 동시에 타인 역시 자신의 무의식대로 행동한다는 것을 분명히 볼 수 있길 바랍니다.

예로, 나에게 퉁명스러운 대답을 하는 어떤 사람에게 기분이 나쁠 수 있습니다. '저 사람은 왜 저렇게 퉁명스럽지? 나한테 기분 나쁜 게 있나?' 근거 없는 고민이 생기기도 합니다. '아, 저 사람은 예전에도 다른 사람에게 퉁명스러웠지. 원래 성격이 그런가 보다.'라며 이해해보려 애쓰며 마음이 고달픕니다. 이제부터는 상대를 좀 더 깊이 있게 바라볼까요.

상대도 자신의 마음의 밭대로 표현하는 겁니다. 상대에게 느낀 점은 나의 모습이기도 하겠지만 그 사람의 무의식 밭에 있는 퉁명스러움을 밖으로 내보낸 것이기도 합니다. 설사 내가 미워서 퉁명스럽게 대했다고 한들 어쩌겠습니까. 내가 모두에게 사랑받을 수도 없는 노릇이고, 서로 소통하며 고칠 수 있다면 모를까, 그전까지는 마음에 '미움'을 끌어안고 있는 사람만 괴로울 뿐이죠.

현대에서 온라인 소통을 하다보면 의외로 자신의 태도를 모르는 경우도 많습니다. 사회성이 깨어 있는 사람들은 상대에게 폐를 끼치는 것을 조심스러워하며 예의를 갖추지만, 그것은 오로지 내 영역이 침범당하지 않았을 때까지입니다. 인정이나 존중의 욕구가 충족되지 못한다고 느껴지면 노여움이 커져서 사회적 예의도 필요 없는 듯이 상대를 차단하고 거칠게 행동하곤 합니다. 물론 현실적 이익이 있는 사람에게는 조심스러울 수도 있겠지만 이미 마음은 단절에 가깝습니다. 자신도 알지 못하는 무의식 마음의 밭에서 차가운 돌멩이를 던지고, 서로 맞고 아파하는 형상입니다. 이 말은 상대가 퉁명스럽게 행동하는 것을 참으라는 의미가 아니라, 좀 더 내가 덜 아프도록 하고, 상대에게도 덜 아프게 제지를 할 수도 있다는 것입니다.

상대가 자신의 무의식대로 내게 행동했다는 관점에 머물러보세요. 그러면 가장 좋은 점은, 내 잘못이라는 생각을 먼저 하지 않는다는 것입니다. 내가 상대에게 잘못했거나 부족해서 나에게 퉁명스럽게 대한 게 아닐까 하는 자기 비난과 자책의 화살을 세우지 않는다는 것입니다. 즉, 나를 아프게 하지 않겠죠.

내 안에 상대에 대해 서운함, 괘씸함, 화 등과 같은 부정적인 감정이 올라올 수 있지만, 차분히 바라보세요. 내면의 침묵이 필요한 시간입니다. 내면의 침묵은 겉으로 조용하다는 의미가 아니라 내면의 동요가 없는 것을 의미합니다. 평온의 감정으로 채워지는 시간이 필요합니다.

언제 변화가 일어날지 조급해하지 않아도 되는 이유는, 평온으로 흐르는 내적 침묵의 시간을 가지는 순간부터 관계는 변화되기 때문입니다. 그러면 서로 마주하고 이로운 대화를 할 기회가 올 것이고 그 안에서 원활히 감정이 흘러가면서 해결이 되는 겁니다.

상대방의 이해할 수 없는 태도를 붙잡고 있지 마세요. 우선 그 사람의 무의식의 발현이려니 너른 마음을 가져보고, 그다음으로 차오르는 내 안의 무의식을 살펴보는 진심에 귀를 기울여보세요. 상대방만 보면, 상대가 나를 비추는 거울임에도 자꾸만 상대에 대해 불평하는 감정이 생기니까요.

우리는 모두 각자가 지닌 무의식만큼 행동합니다. 외부의 못마 땅함에 시간을 허비하지 말고 그때 내 안의 나를 봅시다. 나도 상 대도 무의식에 끌려다니느라 힘든 사람들이고, 또 한편으로는 서 로가 모두 사랑이 필요한 존재라고 여기면서 말입니다. 그러다보 면 그 상대마저도 사랑으로 바라볼 수 있도록 나의 소울이 움직 일 겁니다.

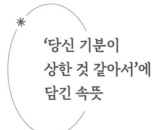

'당신 기분이
상한 것 같아서'에
담긴 속뜻

알고 지내던 사람이 어느 날 갑자기 나와 연락이 끊겼다고 가정해봅시다. 지인에게 이유를 듣게 되었는데, 전혀 생각지 못한 말이었습니다. "네가 기분이 상한 것 같대…." 연인, 친구, 동료, 가족 등 모든 관계에서 있을 수 있는 경험이죠.

'나는 기분이 상하지 않았는데, 자기 마음대로 내가 기분이 상한 것 같다며 연락을 끊다니…'

자, 잠시 상상하면서 호흡을 해보세요. 우선 연락을 끊은 사람의 마음을 보겠습니다. '내가 그 사람의 기분을 상하게 했으니 미안하네. 더 이상 연락하지 못하겠다.' 이런 마음이라면 자신의 죄책감으로 포장해 단절하게 된 격입니다. 그 포장 안에는 어떤 내면의 상자가 있을까요?

'당신이 그렇게 나오니 할 말이 없네요. 내가 뭐 그리 기분이 상할 정도로 나쁜 짓을 했나요? 이해할 수가 없네요. 당신이 기분 나빠하는 모습을 보면서 나 역시 배신감이 느껴지고 화가 나요.'

이 상자가 나에 대한 비난으로 느껴진다면 속상하고 힘들겠지요. 그런데 우리는 여기서, 상자 자체가 '어둠'이라는 것을 볼 수 있어야 합니다. '이해할 수 없음, 배신감, 화'의 어둠은 단절한 사람의 무의식이라는 것을 말이죠. 굳이 내가 아니었어도, 작은 방지턱만 만나도 뿔어져 나왔을 그 사람의 차가운 감정 돌멩이입니다.

단절은 반항기 청소년의 행동과도 같습니다. 단절하는 것 외엔 어떤 내적 조절의 힘이 없고, 그만큼 불안하고 조급한 것이죠. 나는 내가 본의 아니게 아픔을 준 것 같아 미안한 마음이 들기도 하지만, 연락을 할 길이 없기에 또 괘씸한 마음이 들기도 합니다. 이런 생각이 떠오른다면, 이때 올라오는 미안함과 괘씸함을 그대로 받아들이며 정화하며 지내보세요. 이후로 어떤 길이든 서로에게 이로운 방향으로 안내될 겁니다. 나는 내 마음을 감당해보는 겁니다.

단절한 사람이 진심으로 내가 기분이 상했다고 생각했다면 최소한 3가지의 태도를 보였을 겁니다. 상황에 대한 마음을 직접 전하거나, 다른 이를 통해 자신의 마음을 전하거나, 또는 침묵했거나. 그러나 단절의 이유를 외부인 나에게서 찾으면서도 직접 연락하지 않고 "당신이 기분이 상한 거 같아서….'라고 핑계를 댄 것은, 상대방인 나의 그 어떤 것으로 인해 자신의 기분이 상했다는 걸 회피하여 표현한 것뿐입니다. 결국, 자신의 마음이 상했기 때문에 단절한 것이죠.

이 모든 상황이 각자 자신의 무의식 상태라는 걸 알면 나도 상대도 여기서 생각을 멈추어야 합니다. 그러나 그는 미움과 수치심, 분노의 똬리를 틀고 빠져나오지 못하고, 이 상황을 도저히 견디기 힘드니 나를 차단한 거죠. 나는 상대의 그 힘든 마음을 돕고 싶어도 상대가 '미움'이라는 응어리를 잡고 놓지를 않으니 소울이 들어설 틈이 없는 상태입니다. 상대는 자신의 자아가 시키는 대로 외부의 '나'를 향해 자기 무의식 감정을 넘기는 데만 온통 집중하고 있고, 전혀 자신의 소울 소리를 듣지 못하니 안타깝습니다.

자, 이런 상황에서 단절을 당한 내 마음도 볼까요.

단절한 상대에 대한 나의 '미움'을 잠시 자아 침대에 안전히 눕혀놓으며 가벼운 마음을 느끼면 좋겠습니다. 그리고 내가 지금 어떤 상태인지를 봅시다. 외부의 미움을 보지 마시고 오로지 나를 보는 겁니다.

'단절에 놀랐나요?'

'서운한가요?'

'화가 나나요?'

나의 그런 마음을 부정하지 마세요. 그래야 보듬고 안아줄 수 있지요. 내 안에서 요동치는 그 사람에 대한 마음을 그대로 받아들여봅시다. 도중에 '미움'이 일어나서 '그 사람은 언제나 그랬어요. 지난번에도 내가 잘해주려 했는데, 내 마음을 곡해하더라고요.' 하고 말을 걸어오며 외부의 이유를 끌어오더라도 이에 현혹되지 마시고, 지금 내 안의 내면아이만을 보면 됩니다.

내가 얼마나 화가 나 있는지 또 다른 감정이나 생각이 있는지 관찰자로서 보며, 상대방이 보인 '단절의 마음'이 내게도 있는지 살펴보고 수용해봅니다. 나도 과거에 타인을 단절할 수밖에 없을 만큼 안쓰러웠던 상황이 있었는지, 자신을 들여다보는 겁니다. 이때 내면아이를 향해 '그럴 수도 있지.'라는 말로 대립적인 생각을 전체로 받아들여보면서, 진심의 위로로 다가갈 수 있으면 더욱 좋습니다.

그리고 다시 옆 침대에 눕혀둔 '미움'을 보시면 아까와는 다른 마음이 들 겁니다. 그렇다면 조금이라도 정화가 일어난 거죠. 보통은 마음에 평온이 스미거나 별일이 아니었다는 생각으로 변합니다. 이렇게 어떤 외부의 상황에도 내 마음을 그대로 보는 것이 우선입니다. 나를 위해주는 감상적인 위로의 말이 아니라 삶의 원리입니다.

상대가 나를 차단했을 때 당황스러운 마음이 왔다 해도, 그럴 수밖에 없었던 나(상대방)의 마음을 보면서 진정되는 걸 느껴보세요. 내 안의 정화가 모든 걸 자연히 흘러가게 해줄 겁니다. 정화는 자신의 고요한 마음에서 일어나니, 책을 덮고 눈을 감고 마음으로 느껴보세요.

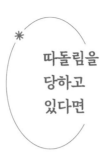

따돌림을
당하고
있다면

이번에는 타인으로부터 따돌림을 당했을 때의 상황을 보려고 합니다. 학교, 직장, 친구 관계에서 소외되었던 경험이 있으신가요? 저도 어른이 되어 어린 시절 경험을 정화했던 적이 있습니다. 그때의 흐름을 회상하며 적어봅니다. 저는 글로 쓰지만 읽으시는 분들의 느낌을 더 많이 활성해보세요.

다시 한번 상기해보겠습니다. 지금의 내 감정을 그대로 받아들이기, 내어 맡기기, 내려놓기의 흐름으로 가는 여정입니다. 현실을 붙잡는 것에서 고통이 생기지요. 흘려보낼 때 행복해집니다.

'나를 따돌리고 뒤에서 험담하면 당장 가서 따지면 되지! 서로

터놓고 말하면서 개선할 점을 찾으면 되지!'라는 생각이 든다면 잠시 옆으로 밀어두세요. 이렇게 당당하고 자신감 있는 모습으로 대하면 좋겠지만, 현실에서는 여러모로 쉽지 않은 두려운 마음이기에 그렇습니다. 또한 따돌림이 신체적 폭력으로 가해진다면, 신체의 안전이 우선이지 정화가 우선이 아니라는 것을 거듭 말씀드립니다.

자, 이제 정화의 흐름을 통해 내면에서 진정으로 솟는 당당함과 자신감을 느껴보시길 바라는 차원에서 내 안의 나를 만나는 여정으로 들어가보겠습니다. 먼저 조용한 장소에 혼자 앉습니다. 호흡을 들이쉬고 내쉬면서 마음을 진정합니다. 내가 숨을 쉬고 살아 있음으로 현존을 느낍니다. 의식으로 하기가 힘든 분들은 노트에 적어보셔도 좋습니다. 글로 적으면서 그 감정을 충분히 느끼시면 됩니다. 내 안에 있는 감정, 느낌을 적어봅니다.

괴롭고, 못마땅하고, 눈치가 보이고, 주눅이 들고, 우울하고, 불안하고 무서울 수 있습니다. 또 상대를 향한 미움, 화, 억울함, 분노가 있을 수 있겠지요. 외부의 그 사람과 자극에 매여 있는 대신 내 안의 두려운 감정을 볼 수 있어야 합니다. 그리고 이 감정이 지금 나의 두려운 현실을 거듭 만든다는 것도 알아차려야 합니다. 만약, 정화 없이 내가 아침마다 슬픈 나를 보지 못하고 강한 긍정

확언을 하며 출근을 한다 해도 퇴근 때가 되면 애쓰느라 녹초가
되어 있거나 외로움을 억지로 참느라 눈물이 날지 모릅니다. 이
것은 진정한 정화가 아니죠. 여전히 어두운 마음으로 반복적인
현실을 살아내는 모습입니다. 좀 더 자신을 부드럽게 대해봅시
다.

이번에는 내 안을 밝음으로 채워나간다는 의식을 가져봅시다.
소외의 아픔 안에서 억지스럽게 느껴질 수도 있지만, 의지가 생
긴다면 꼭 변화를 부를 겁니다. 내가 바라는 상황을 떠올려봅니
다. 따돌림과 험담으로부터 편안했으면, 안정되었으면, 당당했으
면, 자신감 있었으면, 또 그 상대가 멀리 떨어진 곳에 있어서 내 눈
에서 보이지 않았으면 좋겠다는 생각이 듭니다. 이때의 느낌을 충
분히 느껴보세요. 눈을 감고 느껴보라고 권하고 싶습니다. 몸이
이완되고 눈물이 나고 편안해지는 기분이 들기도 합니다. 내 안
의 이 감정이 현실을 만든다는 것을 상기합니다. 이때의 밝은 감
정을 계속 유지하려는 노력을 하면 좋겠습니다.

'상대는 나와 멀리 떨어진 곳에 있어서 나를 위협하지 않아.'
'편안하고, 안정된 느낌이야.'
'당당한 기분이야.'
'자신감이 넘쳐.'

이때 다시 상기할 것은, 저는 글로 쓸 수밖에 없지만 이 글을 한 문장씩 느낌으로 읽어주세요. 정화의 여정은 느낌이 전부입니다.

여기까지 오면서 외부의 나를 어렵게 하는 사람이나 상황에 대한 생각이 들어온다면 옆에 작게 따로 적어 두시고 다시 나의 느낌으로 돌아오면 됩니다. '아, 내가 그 사람을 생각했네, 잠시 옆으로 밀어두고 우선 내 안의 나를 돌봐야지.'라고 의식하세요. 여러 차례 반복될 수 있습니다. 여유의 마음을 가져보세요.

날 따돌리고 험담하는 사람(외부)에 대해서 분노하거나 주눅 들어 외로워하고 있을 자신을 버려두지 마세요. 외부 상황에 내 마음이 좌우되도록 허락하지 말고, 오로지 지금 외롭고 슬픈 나를 바라봐주세요. 어떤 모습인지 그림으로 그려보셔도 좋습니다.

⊖

당시 제 모습은 성냥팔이 소녀가 성냥개비 불꽃 하나에 의지해서 눈길에 앉아 있는 모습으로 떠올랐어요. 이런 소녀에게 뭐라고 하며 다가갈 수 있을까요?

'추운 곳에 혼자 앉아 있네. 내가 안아줄게. 슬픈 일이 있니?'

'사람들이랑 어울려서 잘 지내고 싶은 거지? 그래, 네 마음 다 알아. 지금도 넌 충분히 잘하고 있단다.'

'너는 아무 잘못이 없어.'

'네가 혼자 밥을 먹을 때도, 책상에 앉아 일지를 작성할 때도 내가 항상 너와 있어. 외롭지만은 않지? 내가 있잖아.'

이렇게 나의 내면아이에게 내가 오롯이 친구가 되어줍니다. 그러면 얼마 후 현실에서 생활하는 것이 그리 어렵게만 느껴지진 않을 겁니다. 나와 언제나 함께 있어주는 내가 있기 때문입니다. 더 이상 혼자가 아니고, 외롭지 않으며, 내가 나를 사랑해주고 있어요. 누군가가 나를 미워할 수도 있고, 미워하지 않을 수도 있습니다. 내가 미운 상태이기에 따돌려지는 게 아니라, 그들의 무의식대로 나를 대하는 것이라는 관점으로 보세요. 그러면 그들의 무의식에 장단 맞추듯이 요란하지 않게 됩니다.

이렇게 자신을 사랑해주면 끝인지, 아직도 충분하지 못하다고 생각하는 분들이 있다면 정화의 마침표를 알려드릴게요. 바로 상대에게 축복하는 마음을 보내주는 것입니다.

"그 사람이 더 이상 남을 비난하면서 자신을 괴롭히질 않길 바라요."

물론 진심으로 잘 흘러왔다면 이 마음도 억지가 아니라 저절로 생겨납니다. 하지만 억지라고 해도 축복의 말은 힘이 있으니 해 보세요. 그러면 일상에는 어떤 변화가 있을까요? 아마 당장 내일 출근할 때부터 변화가 있을 겁니다. 정화가 되면, 내 안에 어두운 감정 대신 위로와 축복과 같은 고양된 감정이 채워지면서 의도하지 않아도 두려움, 불안이 자연스럽게 줄어듭니다. 내 안의 내면아이를 그대로 만나는 것만으로도 두려움이 걷혀나가고 내적인 당당함, 용기, 자신감 같은 감정이 드러납니다.

이 마음이라면 직장생활을 하는 내 마음에도 당장 변화가 생깁니다. 동료를 향한 나의 행동, 말 등에 변화를 주고 싶은 의지가 생기지요. 따돌림을 받는 상황, 험담을 받는 상황이 그리 외롭거나 두렵지 않으니까요. 내가 괴로웠던 건 이 두려운 감정에 매여 있었기 때문이거든요.

어쩌면 그 사람에게 나를 괴롭게 하는 일을 멈춰달라고 말하고 싶은 대담한 마음이 생길 수 있습니다. 물론 대상에 따라 지혜로운 방식으로 말이죠. 또는 상대가 하는 따돌림과 험담이 아무렇지 않게 느껴질 수도 있겠죠.

이 상태로 나 자신을 정화하며 지내다보면 그때마다 상황에 알맞게 현실적인 지혜가 떠오릅니다. 조급하게 현실을 해결하고 싶은 생각 대신, 지금 내 감정에 진심으로 충실하면 생각보다 현실은 빠르게 변화됩니다.

갑자기 내가 이직을 하게 되거나, 상대가 퇴사를 하는 상황이 오거나, 그들이 나를 따돌리는 게 자신들의 인생에 도움이 안 된다는 걸 깨닫게 되거나, 미안함이 생기거나 말이죠.

내면과
현실이
어우러지려면

때로는 감정 정화를 하며 현실과 어우러져 사는 게 버겁게 느껴지기도 할 겁니다. 마음을 돌보는 것이 현실에서 후순위로 밀리기도 하지만 우리는 여전히 마음의 중요함을 알고 있습니다. 심장 모드로 내면을 이롭게 하면서 생존 모드의 현실을 살아가는 일에 대해 살펴볼까요?

일상에서 정화를 하며 살아가는 가장 좋은 방법은 사소한 감정도 되도록 그날 바로 정화를 하는 것입니다. 예로, 매일 만나는 직장 동료 관계에서 깊은 갈등이 생겼다고 해봅시다. 나는 그 동료와 처음부터 잘 맞지 않는다는 생각이 들었지만 나름대로는 내 마음을 돌보면서, 서로 순조롭게 지내는 것이 좋으니 상대에게 양보를 많이 하며 지내고 있었다고 해볼게요.

그런데 이 상황은 어찌 보면 참는 중이기도 했겠죠. 참은 것이 아니라면 내가 양보를 해준다는 생각이 크게 들진 않을 겁니다. 아무튼, 그러다 도저히 양보하거나 참을 수 없는 갈등이 생기면 예상대로 그동안 참았던 감정이 폭발하게 됩니다. 그러면 극단적으로 결론 짓고 싶은 마음으로 흐르게 됩니다. 당장 퇴사를 하거나 되돌릴 수 없을 만큼 크게 다투거나 하게 되지요. 결국 내가 아프고 힘든 상태가 됩니다.

자, 이번에는 정화되는 흐름으로 내 마음을 진심으로 대해보겠습니다.

근무 첫날부터, 동료의 퉁명스러운 말과 태도가 내 마음에 자극이 되었다고 합시다. 물론 그 퉁명스러운 말과 태도를 나의 잘못이라기보다 그 동료의 무의식이 발현된 결과로 먼저 볼 수 있으면 좋겠습니다. 그러던 어느 날 나는 컨디션이 좋지 않아 3일 병가를 내야 했고, 하필 바쁜 시즌이라 동료들의 근무 양도 신경이 쓰입니다. 때마침 동료가 '자신의 건강은 자신이 잘 돌보자.'라고 하는 말을 우연히 듣게 됩니다. 그리고 다시 근무 복귀를 해야 하는 전날 밤, 자신의 몫까지 동료에게 떠넘긴 것 같은 미안함과 함께, 신입의 입장에서 병가를 낸 눈치 보는 마음도 듭니다. 병가 낸 자신을 이해해주지 못하는 동료에게 화가 나면서 뻔뻔스러워지고 싶은 마음도 들고, 휴가를 내기 힘든 근무 환경도 못마땅합니다. 내일 출근해서 어떻게 인사를 해야 할지, 그 동료가 하는 말이나 행동을 잘 받아들일 수 있을지 걱정이 커져 출근하고 싶지 않은 마음으로 몸도 더 무거워진 기분입니다.

자, 여러분이라면 이런 상황에서 어떻게 내 마음을 진심으로 대해주시겠어요?

제가 권하고 싶은 말은 근무 첫날부터 정화를 하는 것이 좋다는 겁니다. 상대의 태도로부터 받은 감정 자극이 사소하거나 대수롭지 않다고 생각되더라도 누적된 감정으로 연결이 되기에 그렇습니다. 후에 좀 더 큰 갈등이 생겼을 때 어려워집니다.

첫날 퇴근 후, 집에 돌아와 혼자 생각할 수 있는 조용한 자리에 앉습니다. 그리고 하루의 감정을 되돌아보며 회사에서 받은 자극을 그대로 바라봅니다. 상대방이 원래 그런 성격의 사람이라 해도 그대로 넘겨버리지 말고, 그로 인한 자극에 대해 나는 어떤 감정인지 머물러봅니다. 그러면서 내 생각과 감정을 온전히 확인해보려는 노력이 필요합니다. 나의 마음은 동요되어 있었음을 알 수 있습니다. 이런 감정의 확인이 이후에 병가를 냈을 때 생긴 갈등을 좀 더 유연하게 받아들일 수 있게 해줍니다.

저 또한 팀 근무를 하며 동료에게 피해가 갈까봐 조마조마했던 경험이 있습니다. 물론 이러한 마음은 현실에서 사회생활을 할 때 배려 차원에서 필요하기도 합니다. 그런데 장시간을 이렇게 지내다보면 남의 눈치를 과도하게 보는 습관으로 인해 내가 사라져버린 것 같은 기분이 들고 맙니다.

인간은 내 안의 진정한 소울을 간과한 채 온전히 지낼 순 없습니다. 분명 신神은 나의 소울의 온전함을 위해 현실에서 기회를 줍니다. 일상에서 만나는 힘든 상황들이 그 기회죠. 사회성을 발휘하기 이전에 온전한 내가 되는 흐름을 우선으로 두어야 합니다. 생각보다 그리 어려운 일은 아닙니다. 상사와의 갈등에서 상사의 다그치는 속도에 끌려가기 전에 30초라도 나를 먼저 수용하는 흐름을 따라야 합니다. 상사 또한 이 시간을 배려해주어야 하죠. 어쩌면 인간답게 살아가는 당연한 절차일 텐데도 물질 문명은 이것을 허용하지 않았죠. 이렇게 내 마음을 먼저 돌본다는 것이 내 맘대로 한다거나 상사를 무시하는 것도 아닌데 말입니다.

하루의 작은 감정이라도 온전히 정화가 이루어졌다면, 병가 후에도 훨씬 가벼운 마음으로 출근할 수 있게 됩니다. 아마도 직장 동료보다도 병가를 내게 된 자신을 우선으로 충분히 수용하고, 위로해주었을 겁니다. 병가로 인한 외부적인 자극보다 컨디션이 안 좋은 나의 몸을 충분히 받아들여봅니다. 그만큼 자신을 진심으로 위로할 수 있었다면 출근날에 대한 두려움이 옅어집니다. 그런 마음은 병가를 내서 미안한 마음만큼 주눅이 드는 대신, 그에 상응하는 보답을 하려는 긍정의 마음으로 진심의 흐름이 될 겁니다. 설사 동료가 눈치를 주는 말과 행동을 해도 좀 더 대담하게 상황을 그대로 받아들이면서 나는 또 한 번 나를 온전히 인정하게 될 겁니다.

이렇게 작은 감정에 대해 그 순간 떠오르는 대로 노트에 적어도 좋고, 떠오르는 것을 의식의 흐름대로 감지한 후 나의 정화를 돌아보며 기록해도 좋습니다. 호흡을 몇 번 가다듬으며 잠시 진정하는 정도여도 충분합니다.

이 또한 매 순간 지금 나를 알아차리는 것으로부터 시작됩니다. 일과 가정의 균형을 맞추거나, 자신의 비전을 이루면서 타인의 사랑을 이루는 것은 모두 정화라는 하나의 샘에서 나옵니다. 내면과 현실이 어우러지는 생활은 지금 이 순간부터입니다.

현상의 패턴보다
감정의 패턴을
보세요

우리의 일상은 반복적입니다. 아침이면 출근을 하고 저녁이면 퇴근을 하는 행동의 반복 같지만 실은 무의식 감정의 반복입니다. 과거에서 흘려 보내지지 못한 마음과 관념들이 반복됩니다.

나의 하루와 삶에 반복되는 패턴이 있는지 살펴볼까요? 관계, 건강, 경제, 정신, 취미, 배움 등에 내가 어떤 방식으로 다가가고 유지하고 결과를 맺는지 흐름을 살펴보면서 반복적인 곳이 있다면 멈춰서 머물러보세요.

지금 돌아보니 새롭게 보이는 것이 있진 않은지, 내가 미처 잘 알지 못했던 것이 있진 않은지, 이번에는 다른 방식으로 대해보면 어떨지 하는 열린 마음도 가져볼 수 있겠죠.

예로 한 남성이 연인과 교제 중에 어느 시점만 되면 헤어지는 패턴이 있다고 해보겠습니다. 서로가 희망을 안고 사랑의 깊이를 더해가며 교제 중입니다. 교제를 시작하고 시간이 지나면서 점점 남성이 데이트 비용을 더 많이 지출해야 하는 상황이 늘어납니다. 그런데 이것을 입 밖으로 꺼내자니 애매합니다. 가만히 생각해보니 전 여자친구는 지금과 달랐다는 생각도 듭니다. 이로 인해 지금의 여자친구에 대한 작은 불평이 쌓여가고, 데이트 장소를 정하거나 일정을 짤 때도 자신이 더 노력하는 듯 여겨지면 급기야 여자친구가 자신을 사랑하지 않는다는 생각으로 자신의 불평을 대신합니다. 이러한 불평이 쌓여 결국 여자친구에게 말을 꺼냅니다.

"우리 다른 건 다 좋은데, 서로 좀 더 배려해주자. 매번 내가 더 애쓰는 기분이야. 데이트할 때도 넌 마지못해 따르는 것 같고. 네가 날 사랑하지 않는다는 기분이 들어."

이 남성은 데이트 비용을 자신이 더 많이 지출하는 데에서 불만이 시작되었다는 걸 알지만 스스로 이 점을 인정하고 싶진 않습니다. 그래서 그것은 작은 문제고, 여자친구가 자신을 사랑하지 않아서 배려가 없다는 생각을 하면서 교제를 끝내려 합니다. 다른 사람을 만나도 반복적으로 데이트 비용에 신경이 쏠리고, 비용을 덜 내거나 안 내는 여성과는 헤어지게 됩니다.

남성의 마음을 추측해볼까요?

여자친구가 '이기적이다, 뻔뻔하다, 책임감 없다.'라는 생각이 있습니다. 처음에는 조금 얄미운 마음이었지만, 점점 괘씸하다는 생각이 들고, 나아가 분노의 감정으로까지 이어집니다. 이 남성은 형식적으로 '데이트 비용을 어떻게 하는지'를 연애를 시작할 때의 기준으로 삼게 되었습니다. 남들에게 공개적으로 말하기는 체면이 안 서니까, 친한 친구에게 '나는 데이트할 때 비용을 같이 부담하는 사람이 좋아.'라면서 그런 여성을 소개받고 싶어 합니다. 왜냐하면 그러한 여성은 '공정하고, 미안해할 줄 알고, 책임감도 있는' 사람이기에 지속적으로 사랑을 키워갈 것이라는 생각이 들기 때문입니다.

자, 이 상황에서 이 남성이 자신이 원하는 애인을 만나지 못하는 이유는 무엇일까요? 반복적으로 같은 시점만 되면 헤어지는 이유는요? 이상형의 기준인 '데이트 비용을 같이 부담하는 사람'이 없어서일까요? 정말 그 상대가 이기적이고 뻔뻔하기 때문에 매번 헤어지는 것일까요?

감정 정화는 나의 내면을 보는 것으로 시작됩니다. 이 남성은 짝을 만나지 못하는 이유가 외부에 있지 않다는 것을 먼저 받아들여야 하겠습니다. 즉, 서로에게 문제가 있어서라기보다 내 안에 걸어둔 '연애에 대한 조건의 마음'을 볼 수 있어야 합니다. 사실 그 조건의 '내용'은 큰 영향이 없습니다. 그 조건으로 일어난 나의 '생각과 감정'을 살펴야 한다는 것을 기억합시다.

이 남성의 마음에는 여성이 '이기적이다, 뻔뻔하다, 책임감 없다'는 생각이 있고, 이에 대해 처음에는 조금 얄미운 마음이었지만, 점점 괘씸하다는 생각이 들고, 나아가 분노의 감정까지 이어진 것으로 보이죠. 이 마음은 곧 나의 무의식을 보여주는 것이고, 또 남성 자신 안에서 일어난 것입니다. 외부 현실로부터 자극된 이 마음에 이름을 붙여서 명확히 하는 것도 좋습니다. 알아차렸다면, 여유와 진심 어린 마음으로 머물러봅시다.

이제는 현실에 나타난 이 감정을 내 안으로 가지고 들어와야 합니다. 이때 제가 자주 하는 질문은 '저 마음이 나란 말인가?'입니다. 이 물음을 가져보며 내 과거에서 검색을 해봅니다. 이때 자아의 거듭되는 저항이 있더라도 그대로 인정해보는 여유를 가져봅시다. 이렇게 머무르는 동안 생각지도 못하게 문득 자신의 어머니가 떠오릅니다. 어머니에 대한 생각을 계속 주시해봅니다.

어머니에 대해 '미움'이라는 감정이 먼저 생깁니다. 떠올리고 싶지 않다는 생각과 갑자기 얼굴이 붉어지는 몸의 변화를 알아차린다면 숨을 고르며 잠시 진정을 합니다. 이때도 스스로 '있는 그대로 보겠다'는 용기를 내면서 어머니에 대한 감정을 그대로 보려고 해봅니다.

어머니는 이기적이고, 뻔뻔하고, 자식에 대해 책임감도 없는 여자라는 생각에 얄밉고, 괘씸하고, 분한 감정이 밀려옵니다. 과거의 일과 말, 행동, 상황들이 다시 살아나서 한동안 이 감정에서 빠져나올 수가 없습니다. 그녀는 미워할 수밖에 없는 사람이며 절대 용서할 수 없는 대상입니다. 그리고 나는 많이 슬픕니다. 고개가 숙여지면서 눈물이 흐르고 안타까운 자신의 모습이 떠올라서 한없이 불쌍하기만 합니다. 그때 왜 그랬어야 했는지 어머니에 대한 원망이 차오릅니다. 10여 년째 왕래 없이 지내는 지금이 아쉽기도 합니다. 어머니를 다시 만난다는 건 이 남성에게 큰 배신이자 아픔입니다. 사랑이 결여된 시간이니까요.

이런 자신의 모습이 낯설지만 내면아이라는 것을 알아차린다면 앞서 말한 것처럼 우리는 더 이상 방치하거나 회피해서는 안 됩니다. 가장 약한 내 안의 아이에게 다가가는 것이 선善의 첫걸음이자 자신을 사랑하는 법이라는 것도 기억해야 합니다. 나 자신을 버려두고 외부에서 짝을 만나려는 건 껍데기로 현실을 헤매는 격입니다. 그러니 정착이 되질 않고 나의 자아에만 의지하여 불안하게 살아갑니다. 우리의 소울은 우리가 진정으로 선善의 행동을 하길 기다립니다.

내면의 어린아이에게 다가가서 말을 걸고 안정된 기분이 들 때까지 대화를 나눕니다.

'엄마가 자녀에 대해서 이기적이고 뻔뻔하고 책임도 없다고 생각하는구나?'

'그래, 난 결국 엄마에게서 버림받았다고.'

'너무 마음이 아프겠다. 속상하고. 엄마가 네 곁에 계속 있었다면 참 좋았을 텐데.'

울먹이는 아이를 안아주면서 등을 토닥여줍니다. 한참을 그렇게 서글픈 마음을 그대로 인정해주고 위로도 해줍니다. 낯선 기분도 들지만 이 안에서 깊은 안정감에 자신을 맡겨봅니다.

시간이 좀 걸리겠지만, 어머니 또한 얼마나 힘들었을지 고양된 감정이 확장되면서 결국 어머니에 대한 화해로 이어집니다. 진정이 되면 현실을 좀 더 관찰하듯이 볼 수 있습니다. 마치 떼쓰며 한참을 울던 아이가 울음을 멈추고 아무 일도 없었다는 듯이 집중하여 장난감을 가지고 노는 것처럼 말입니다.

그리고 다시 현실의 여자친구를 봅니다. 여자친구는 크게 달라진 것이 없지만 '그럴 수밖에 없었던 엄마'의 모습이 연상되면서 전과는 달리 안쓰러운 마음이 듭니다. 또 어느 날은 여자친구에게서 노력하는 모습이 보이고, 얼마 전 자신이 한 말에 얼마나 속상했을지 여자친구의 마음이 헤아려지기도 합니다. 어머니에게도, 여자친구에게도 미안하고 고맙습니다. 이렇게 정화의 상태로 머무는 중입니다. 그리고 점점 남성은 자신 안의 어머니와 화해가 깊어지면서 쌓여온 무의식 감정들이 풀어져 흘러가고, 내 안의 그 자리에는 선善과 평온이 들어찹니다.

사람마다 반복되는 여정이 다를 순 있지만, 정화는 가장 자신을 안전하고 풍요롭고 이로운 자리에 놓아줍니다. 그러면 내가 원하는 조건보다, 선善의 궤도에서 움직이고 있는 삶이 보기에 알맞은 배우자를 만나게 해줍니다. 순리대로 말이죠.

이 모든 여정은 외부 현실을 이해하려는 것보다 내 안에 묶여 있는 감정을 진심으로 풀어주기 위함입니다. 즉, 현상의 패턴보다 그 안의 감정의 패턴을 알아차릴 수 있다면 지속적으로 원활한 변화를 맞이하게 됩니다.

그리고 한 가지 더, 내가 현실에서 만난 무의식의 감정들은 여자친구의 무의식이기도 한 거죠. 그녀도 그녀 자신의 마음을 돌보면 좋겠지만, 그것은 그녀 삶의 몫입니다. 정화하라고 강요하기보다는, 그녀가 의식하든 아니든 그녀 내면의 차가운 돌멩이가 내게 던져진 것이기도 하다는 관점으로도 머물러보길 바랍니다. 이렇게 내 안을 정화하고 있으면 알아서 외부인 그녀도 변화됩니다. 우리는 지금 '나'를 중심에 두고 이리저리 현실을 바라보는 중입니다. 존재로서 살아가기 위해서 말이죠.

일상의 패턴 중 내 마음이 못마땅함으로 멈춰지는 지점이 있다면 어떤 감정인가요? 그것을 붙들고 내 안의 정화 흐름으로 가봅시다.

타인이
나를 사랑하길
원한다면

사랑받지 않아도 상관 없다는 사람은 아무도 없을 겁니다. 단지
사랑받고 싶다는 말을 하기가 부끄럽고 민망하여 말하지 못할
뿐, 존재 자체가 선善이며 사랑인 우리는, 사랑을 주고 사랑을 받
는 것이 순리입니다.

 타인으로부터 받는 상처가 있다면 그만큼 사랑을 받고 싶다는
의미입니다. 반면에 나는 별다른 어려움이 없으니 굳이 타인의
사랑이 필요치 않다, 폐나 끼치지 않으며 살면 된다는 생각이 있
다면 이 또한 본인이 의식을 하지 못하더라도 사랑이 필요한 경
우입니다. 사랑을 받고 싶은 우리는 서로 좋은 관계가 되고자 노
력도 많이 합니다. 때로는 나를 좋아하도록 친절과 배려를 베풀

며 외부적으로 애를 쓰기도 합니다. 현실에서는 필요한 사회성이 기도 하지요. 그러나 내가 노력한 만큼 나를 사랑해주지 않는 사람들과 상황이 이어지면 힘들어합니다. 나는 많이 배려받고 싶고, 인정받고 싶은데 말입니다.

타인이 나를 사랑하길 원하세요?

그렇다면 지금 내 안에, 상대에 대한 '미움'이라는 감정이 고이지 않도록 해보세요. 흘러가도록 내버려 두는 겁니다. '미움'이란 것은 거칠게 노려보거나 욕설을 하는 태도만이 아닙니다. 상대의 눈치를 보며 안절부절못하는 마음에도 '미움'이 있고, 상대로부터 채우고 싶은 어떤 욕구가 있는 것도 내 안에 '미움'이 있는 것입니다. 즉, 상대에 대해 자유롭지 못한 모든 마음은 '미움'입니다. 나를 못 잡아먹어 안달인 시댁 식구나 상사, 혹은 나를 무시하는 짝사랑하는 사람에 대한 감정도 '미움'이라고 볼 수 있습니다. 미움을 자아 침대에 잘 눕혀 놓고, 그 사람과 괜찮은 관계만 되어도 좋겠다는 상상으로 내 안의 진정을 먼저 찾아봅시다.

예를 들어, 짝사랑하는 사람을 떠올려봅시다. 지금 여기의 마음에서부터 나를 보는 겁니다. 짝사랑하는 상대에 대한 어떤 생각과 감정이 있는지 관찰해보는 거죠. 한번 거절을 당한 입장이라면 그 거절에 대한 생각과 감정이 있을 테고, 아직 만난 지 얼마 안 되어서 잘 모르는 입장이라면 그 나름대로 또한 생각과 감정이 있을 겁니다. 어떤 생각과 감정이더라도 충분히 그런 나를 받아들이며 머문다면 내가 위로되는 흐름으로 이어지겠죠. 이 과정에서 예상치 못했던 마음이 들어올 수 있습니다. 거절받은 아픔으로 뒹굴고 있었는데 거절받은 것이 오히려 다행이라는 안심이 들 수도 있고, 첫 설렘으로 긴장하고 있었는데 나를 그대로 바라보는 여정 속에서 상대도 나에게 호감을 보이는 흐름으로 이어질 수도 있습니다.

내가 나를 존재로 받아들이는 여정에는, 이렇게 현실에서의 시간적인 여유를 벌어주면서 우리 마음에도 공간을 주는 힘이 있습니다. 깊은 애착을 가지고 있는 대상에서 애착을 떼어내 객관적으로 관찰하는 시간이라고 할까요. 이 말은 사랑하는 사람에 대해 장단점을 따지는 시간이라기보다는, 사랑하는 사람에 대한 내 가슴의 소리를 먼저 들을 수 있게 된다는 의미입니다.

처음에는 어떤 조건들이 상대를 좋아하게 했다면 내가 존재로 인정되면서 나의 사랑에는 어떤 조건이나 이유가 있을 수 없다는 것을 확인하는 귀한 시간이 되기도 할 겁니다.

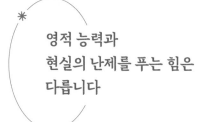

영적 능력과
현실의 난제를 푸는 힘은
다릅니다

얽혀 있는 내면을 푸는 것과 현실의 난제를 푸는 것은 다릅니다. 이 책을 읽어오면서 알게 되셨겠지요. 내면의 자유는 자아를 멈추고 소울을 감지하며 진심을 다하는 힘이 있어야 합니다. 한편 현실에서의 문제 해결은 신속하고 이성적으로 처리를 하는 능력이 있어야 합니다. 이것을 분명히 다르게 감지할 수 있으면 좋겠습니다.

우리가 지금 감정 정화의 이야기를 하는 것은 인간이 살아가는 이 현실에서 원활하게 잘 살기 위해서이기도 합니다. 그러니 현실을 잘 살아내도록 자아를 잘 움직이게 하는 것이 능력일 수 있습니다. 그런데 이것은 각기 다른 능력이 아닙니다. 근본적으로 내 안의 소울이 움직일 때, 우리가 존재로서 있을 수 있다면 현실에서 필요한 자아의 능력이 원활히 샘솟습니다.

잠시 여기서 '해결'의 의미를 같이 살펴보겠습니다.

현실에서의 해결이 주로 법과 욕구에 초점이 맞춰져 있다면, 감정 정화에서 말하는 해결이란 삶이 가고자 하는 선善의 방향으로 흘러가는 것입니다. 매일 만나는 사람과 껄끄러운 관계라고 해봅시다. 많은 일을 같이하는 회사의 직속 상사라면, 더욱 힘들겠죠. 나는 그 사람과의 관계를 원활하게 하려고 애쓰고 있습니다. 상대가 화를 내거나 싫어할 것들을 피하며 관계가 이어지고 있다면, 이것은 두려움의 관계라는 것을 명확히 받아들일 수 있으면 좋겠습니다. 지금 이 사람과 편하게 지내지 않으면 내 마음이 괴로워서 다른 일상도 힘들어지기 때문에, 마주하는 순간을 잘 피하는 게 해결이고, 잘 살아내는 방법이라고 생각하는 것이죠.

그러나 정화의 관점에서 본다면, 괴로움의 감정을 자아 침대에 눕혀 두고, 그 사람이 나에게 어떤 의미로 주어졌는지 삶의 입장에서 보는 것이 더욱 이롭습니다.

지금은 당장 위협감이 느껴질 것 같아도, 한번 다르게 대응해보세요. 과한 업무 지시가 내려졌다면, 전부 감당하려 하기보다는 내가 할 수 있거나 하고 싶은 만큼만 해보고, 나머지는 흘러가는 대로 맡겨보세요. 우리가 그렇게 하지 못하는 이유는 이런저런 허상의 생각들이 많기 때문입니다. 지시사항을 다 끝내지 않으면 승진이 안 되겠지, 회사에서 밉상이 되겠지, 이런 생각은 나의 생존과 연결이 되어 있기에 우리를 조급하게 만듭니다. 나에게 불이익이 있을 거라는 생각은 물론 매우 사리에 밝은 판단이고 현실적으로 나를 보호할 수 있기도 하겠지만 나를 진정으로 살아가게 하는 생각은 아닙니다.

21세기에 온라인으로 공유된 정보만으로도 우리의 자아와 생각은 한층 똑똑해질 수 있습니다. 그런데 우리가 함께 알아야 할 것이 있습니다. 손가락으로 터치만 해도 내 손 안에서 수억 명의 개인 일상을 볼 수 있는 환경은 각자 배출해내는 온라인 쓰레기를 포함합니다. 악취를 풍기며 풍요로운 대지를 황무지로 만드는 물질적 쓰레기만큼, 우리의 소울을 뒤덮는 영soul의 쓰레기인 셈이죠.

눈에 보이지 않으니, 잘 와닿지 않을 수 있습니다. 우리에게 이로운 정보를 선별해 받아들인다며 뿌듯해하기까지 합니다. 그런데 당장은 큰 문제가 없는 듯 지내지만 갈등의 시점이 오면 실체가 드러나게 됩니다. 내가 알고 있고 분석해왔던 태도대로 갈등을 해결하려 하는 것입니다. 이때 깨우쳐야 하는 건 우리의 선善과 양심의 소리가 장막으로 가려져 있다는 것입니다. 장단점을 분별해 나에게 이익이 되는 것만 취하려는 똑똑한 마음만 둥둥 떠 있는 것이죠.

  적은 금액이니 이 정도면 나의 이익을 취해도 된다고 생각하며 몰래 눈속임을 하는 것, 내가 옳다고 여기며 나와 다른 의견을 가진 사람을 안 보이는 자리에서 흉보는 것, 휴지통이 보이지 않는데 버스를 타야 하니 들고 있던 빈 컵을 벤치에 두고 타버리는 것, 스스로도 잘못이라는 걸 인지하고 있으면서 이 정도의 양심을 어기는 건 인간미라고 포장하며 눈 감는 마음이 악행의 시작입니다.

  일상에서 조부모에게 장난감을 던지는 어린 자녀를 어떻게 훈육해야 하는지 교육서를 찾아야만 하는 현실을 다시 봐야 합니다. 교육서에 따라 바른 지침대로 하는 것도 좋지만 그 전에 부모의 가슴에 즉각적으로 움직이는 사랑의 소리가 있어야 합니다. 폭력을 가하고 위협을 하는 행위는 정도나 대상에 상관없이 어떤 이유로도 정당화될 수 없다고 단호하게 가르쳐줘야 합니다. 머리가 아니라 가슴이 시키는 일이어야 하는 겁니다.

어린 자녀가 조부모에게 왜 장난감을 던졌는지, 지금 훈육을 들으니 기분이 어땠는지를 소통하는 것은 바른 대화에 속하지 않습니다. 이것은 근본적인 가르침 후에 해도 늦지 않습니다. 어린 손자가 할머니에게 장난감을 던진 행위를 해결하는 것보다도 던져진 장난감에 맞은 부모를 보호하는 것이 우선이라는 가슴의 소리가 없다면 문제입니다. 어른이기 때문에 이 정도는 안 아프고 아기이기 때문에 몰라서 해도 되는 것이라고 생각한다면 우리가 진정으로 원하는 사랑의 질서가 와해될 것입니다. 그 안을 들여다보면 소울의 소리를 가로막는 것이 똑똑하게 가려낸 생각들이라는 것을 알게 됩니다.

우리는 많은 정보와 지식을 가지고 있으면 이 세상을 잘 살아갈 것이라는 대단한 착각에 빠져 있기도 합니다. 또한 그것을 타인에게 나누고 베풀면서 남을 돕는다고도 말합니다. 그러나 그 안에 자신의 능력을 드러내고 싶어 하는 욕구가 있다는 것을 부인할 순 없습니다. 현실의 난제를 푸는 데는 효과적일 수 있지만, 이것이 제대로 삶을 사는 것이라고, 사랑이라고 우기는 것은 위험합니다.

내면의 해결이 정화로 이루어진다면, 현실의 해결은 정화로 인해 솟은 지혜가 내가 어떻게 움직여야 하는지 방법을 제시하며 이루어집니다. 내면의 정화는 지금 3분간 눈을 감는 진심의 명상만으로도 충분할 수 있고, 살아가는 동안 천천히 진행될 수도 있습니다. 현실에서 당장 해결하고 선택해야 하는 문제 앞에서 내가 지금 생각하는 것보다 좀 더 근원적으로 이로운 것이 무엇일지 삶을 경청하는 태도를 지니면 좋겠습니다.

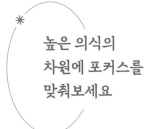

높은 의식의
차원에 포커스를
맞춰보세요

내면과 현실을 잘 연결하는 가장 좋은 방법은, 높은 의식의 차원
에 초점을 맞추는 것입니다. 감정과 자아를 알아차릴 수 있게 되
어 진정이 된다면, 정화의 흐름은 순조롭게 성화^{聖化}로 이어지는
흐름이 될 수 있습니다.

　현실은 물질 세계이기에 영적 세계와는 달리 에너지가 무겁고
낮은 의식 차원입니다. 기도와 명상을 하면서 의식을 상위 차원에
초점을 둘 때 느껴지는 가벼운 마음의 변화를 느껴보세요. 이때 다
시 한번 현실의 괴로움과 생각들을 자아 침대에 눕혀두고 안심하
는 게 좋습니다. 앞이 막막하거나 답답하게 느껴지는 현실일수록
이런 준비가 필요합니다. '내가 지금 이렇게 힘든데 하늘이나 자

연을 생각하는 게 무슨 소용이야?'라는 마음을 가진 채 변화될 순 없을 테니까요.

　마음을 비웠다면, 이제 혼자 있을 수 있는 자리에 앉아봅니다. 숨을 들이쉬고 내쉬면서 현실의 문제들을 해결하느라 분주했던 내 자아를 먼저 진정합니다. 호흡을 가다듬으며 지금 자리에서 안전함을 느껴봅니다. 그렇게 더욱 진정이 되면 높은 의식의 차원에 초점을 맞추려고 해봅시다. 높은 의식이란 정화의 에너지가 강한 의식을 말합니다.

　어떤 것이 있을까요. 우리 곁에 가까이 있으면서 정화력이 뛰어난 건 자연입니다. 그래서 인간 주변에 하늘과 땅을 가깝도록 두었는지도 모르겠다는 생각이 듭니다. 가장 좋아하는 자연의 장소를 떠올리고 그 장소에서 흘러가는 구름과 바람, 물, 나무 등을 떠올리며 감지해봅니다. 저는 어릴 적 가족과 자주 다녔던 강원도 설악산의 짙은 녹음을 떠올릴 때도 있고, 외국의 바다와 산을 떠올리기도 합니다.

　높은 의식이란 신성의 지혜로, 신▨이나 부처님 혹은 예수님과 같은 성자를 떠올리는 것입니다. 그 안에서 전해지는 진리가 현재 내 마음으로 이어져 강력한 정화가 됩니다. 낮은 의식 차원일

수록 보이는 것에 집착해 물질적인 것을 소유하고 비교하고 걱정하지만, 높은 차원일수록 자유를 느끼며 저절로 내려두게 됩니다. 이미 우리가 충분하다는 걸 알기 때문입니다. 잠시라도 평온함이 느껴지시나요.

그 외에도 하루 중에도 잠깐씩 자연의 소리나 영상을 통해 높은 의식의 차원을 느껴보거나, 여유를 느낄 수 있는 예술 작품이나 동물, 다른 무엇을 대상으로 삼아보는 것도 도움이 됩니다. 핸드폰이나 컴퓨터의 배경 설정을 이런 것들로 해두셔도 좋습니다. 더 배우고 알고자 하는 마음보다 자유와 평온을 감지할 수 있는 환경을 주변에 두는 것이 도움이 됩니다.

높은 의식의 차원은 우리를 보답하는 마음으로 안내합니다. 높고 충분한 것을 내가 감지하게 되면 그에 대해 감사하고 보답하고 싶은 마음이 듭니다. 나의 부모님에게 깊은 감사가 들 때 은혜에 보답하고 싶은 마음과 같습니다. 또 자신이 살아오며 타인에게 모질게 했던 태도나 잘못에 대해서도 일상에서 사랑으로 갚아나가고 싶은 마음이 듭니다. 이런 마음이 저절로 들지 않고 다짐으로 보답하려고 한다면 내가 이해하는 범위에서만 가능할 뿐 진정한 내 안의 자유에는 미치지 못할 겁니다.

'진심'이 드러나는 생활이란, 모든 것을 기꺼이 받아들이고 의욕과 생기가 넘치는 삶의 모습입니다. 그러한 사람들을 보며 우리는 본받고 싶어 하고 가까이 있고 싶어 합니다.

일상에서 걱정 대신 갈망을, 분노 대신 축복을 떠올린다면 빠르게 정화의 에너지로 전환됩니다. '나는 언제 정화가 되나.'라고 걱정이 들어온다면 '나도 정화를 갈망해.'라는 진심의 갈망으로, '정말 저 사람을 이해할 수가 없어.'라는 분노가 들어온다면 '저 사람에게 배려가 생기길 바라며 축복합니다.'와 같이 전환해보세요.

높은 의식에서는 모든 것이 수월해집니다.

역할이 아니라
존재로서
남기를

지금껏 살펴본 내용은, 결국 우리가 모두 하나로 연결되어 있다는 진실을 느끼고자 함입니다.

외부 현실에서 보이는 것 중에 내 안에 없는 것이 없습니다. 타인의 마음이 내 마음이 아닌 것이 없지요. 크고 작고, 심각하고 가볍고의 차이가 있을 뿐이지 깊은 절대 수용의 흐름 안에서 보면 우리에게는 모두 같은 마음이 존재함을 감지할 수 있습니다. 지나가는 사람들부터 오랜만에 만나는 지인, 직장 동료, 가까운 친구와 가족까지 우리는 모두 마음의 종류가 같습니다. 그들을 통해 보이는 모든 불평, 시기, 미움, 죽음은 내 안에도 있음을 짙게 체감할 수 있길 바랍니다. 이 체감이 현실에서 언제 진가를 발휘

하는가 하면 용서의 차원에 있을 때입니다. 용서할 수 없는 사람과 상황을 용서해야 한다는 것은 나를 가장 힘들게 하는 마음입니다. 우리가 모두 하나인 존재임을 제대로 감지할 때만이 진정으로 용서할 수 있습니다. 하나라는 마음이 없으면 인간적으로는 불가능하지요.

자녀가 곧 나와 하나라는 체감은 가족관계증명서를 떼어보지 않아도 알 수 있을 것입니다. 유명한 솔로몬의 판결에서, 두 여인이 한 아이를 놓고 서로 자신의 아기라고 주장하며 싸우자 솔로몬은 아이의 진짜 엄마를 알아내기 위해 아기를 반으로 잘라 나눠 가지라고 말합니다. 이에 아연실색한 아기의 진짜 엄마는 자기가 친모가 아니라며 다른 여인에게 아이를 주라고 하지요. 진짜 엄마는 나의 아기를 소유할 수 없더라도 가짜 엄마에게 자녀를 내어주고, 가짜 엄마를 용서할 수밖에 없습니다. 엄마에게 자녀는 이미 자신과 하나인 존재이기에 그렇습니다.

그런데 타인은 혈육이 아니어서 사랑하기 힘들다는 생각이 드시나요? 이 생각도 우리는 그대로 수용할 수 있습니다. 뿌리 깊은 인간의 관념이 우리를 얼마나 붙잡고 있는지 말입니다. 타인을 나처럼 여기라는 강요는 하고 싶지 않습니다. 다만 내 마음의 방어기제를 낮추고, 내 마음에 '어떠어떠한 나'로 확고하게 벽을 쳐

두는 것이 아니라 '아무것도 아닌 나'를 인정한다면 타인들과 감정을 교류하는 일도 편해집니다.

이 말은 곧 내가 누군가의 어떤 역할로 남기보다는 존재로서 남길 바란다는 의미입니다.

선생님으로서, 직장의 대표로서, 아버지나 어머니로서 남는 것보다 결국 존재 그대로 수용해줄 수 있는 관계 말입니다. 인간을 존재로서 받아들이는 관계보다 더 안전한 관계가 있을까요. 우리는 모두 친구인 셈입니다.

그렇게 내가 '있는 그대로 존재'하고 싶다면, 외부의 당신 또한 '있는 그대로의 존재'로 보이게 될 겁니다. 그로 인해 결국 나의 일상은 수월하게 흘러 지구 반대편의 평화와도 맞닿습니다. 우리가 역할을 떼어내고 존재로 만나는 상상을 해보며 이번 장을 마무리하겠습니다.

나는 세상을 향한 존중이 있을까요?

세상은 나에게 어떤 의미인가요?

혹시 상대의 긍정성과 능력을 보며 '내 인생을 빛내고 성장 시키기 위해 나도 저것을 소유하고 싶다'는 마음으로 다가 가고 있지 않나요? 그리고 그것을 존중으로 착각하진 않나 요?

타인에 대한 진정한 존중이란, 내게 필요한 타인의 모습만 이 아닌 그의 존재 자체를 보고자 하는 마음입니다. 그렇게 되면, 타인에 대한 지속적인 관심이 생기고, 안부를 물을 줄 압니다. 관계를 방해하는 미움, 시기, 불평 등이 제거됩 니다. 축하할 때, 축하의 감정만이 가득합니다. 타인과 세 상에 대해 진정한 존중이 있다면 거기에 나는 없습니다.

타인과 세상이 각자의 고유한 향을 품을 수 있도록, 소유하 고픈 나의 마음을 내려놓을 수 있을까요?

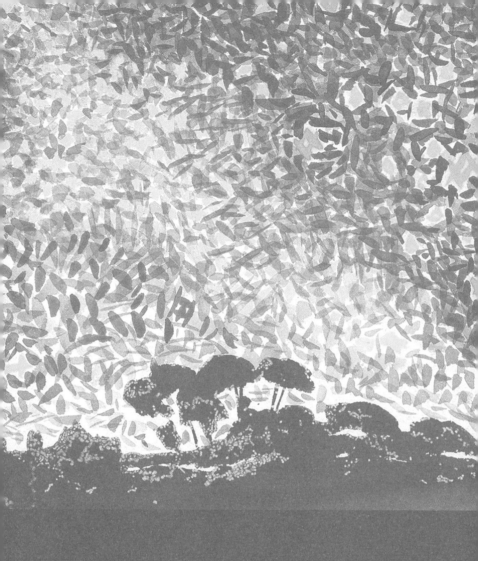

6장

감정 정화 수련과 일상

나의 마음은 나의 관심을 받고 있나요?

나는 사랑과 평온을 진정으로 갈망하고 있나요?

우울한
생각이
계속 들어요

일상에서 내 마음을 자주 살펴보고 감정 정화를 하는데도, 왜 불편함이 줄어들지 않고 부정적이고 우울한 마음이 드는지 의문이 생길 수 있습니다. 이때 나의 자아는 '네가 그렇게 정화를 하면 앞으로는 상쾌한 기분으로만 살 것 같지? 하지만 오늘도 넌 이렇게 우울하잖니?'라며 우울이라는 생각과 감정으로 나를 또 휩싸이게 합니다.

이번 장에서는 수련을 하며 생기는 일상의 작고 불편한 자극들을 살펴보려고 합니다.

우울한 생각이 떠오르는 것은 크게 두 가지로 이해해볼 수 있습니다.

첫 번째로, 지금도 내가 정화되고 있다는 신호입니다.

생각해보면, 전에는 이런 우울한 마음이 들어도 단지 현실이 불만족스럽다는 외부적 문제로만 불평했을 뿐, 지금처럼 내면의 정화 관점으로 보지 못했을 겁니다. 그것을 알아차리고, 그런 자신에게 먼저 박수를 주세요. 시간이 흐를수록 어릴 적 무의식까지 떠올라서 불편한 마음이 자극으로 올 수 있습니다. 모두 괜찮습니다.

'아, 나에게 쌓였던 화해해야 할 것들과 마주하는구나.'라고 내 마음을 돌보듯이 그대로 바라보고 보내줍니다. 그사이 용서하고 용서받아야 할 마음이 있는지 살펴보고, 거기에서 진심으로 머물다가 자연히 흘려보내면 됩니다.

두 번째로, '나도 얼른 만나줘.'라는 신호입니다.

우리가 미처 알지 못하는 무의식에는 전생의 업보까지 담겨 있다고 합니다. 카르마karma를 믿건 안 믿건, 현생에서 태어나 지금까지 몇십 년 동안의 많은 감정이 쌓였을지만 가늠해봐도 어마어마합니다.

'난 아무 문제가 없는걸. 난 괜찮아!'라고 생각해왔지만 '진짜 괜찮은 나'라기보다는 자신의 내면과 소울에 '무딘 나'였던 겁니다. 마음을 돌보고, 정화 수련을 하다보면, 순간순간마다 내가 알아차리지 못했던 것들이 얼마나 많았고 그때마다 나의 소울을 방치해두었는지 알게 됩니다. 이렇게 수많은 아픔과 화해되지 않은 무의식을 만나는 것이 얼핏 생각해도 하루, 한 달로는 부족하겠죠. 그러니 정화를 잘 할수록 가라앉아 있던 우울한 생각이나 억울했고 수치스러운 생각들이 같이 동요되면서 '나도 얼른 만나줘.'라고 더욱 자극해오는 겁니다.

그 불편한 마음들은 내 가슴을 아프게도 하고, 눈물이 나게도 할 겁니다. 그럼에도 우리는 '이렇게 화해하지 못한 마음들이 있었구나.'라고 알아차릴 수 있습니다. 그 아픈 마음에 충분히 머물러 그대로 받아들여도 보고 위로도 하고 용서도 하고 용서도 받으면서 잠시 시간을 가져보세요. 가벼워지는 마음이 느껴지면 흘러갔다는 신호로 받아들이셔도 좋습니다.

이 또한 강요는 아닙니다. 스스로 진심으로 안아주고 싶을 때가 있을 테니까요. 정화를 하면서 계속 떠오르는 불편한 마음을 좀 더 사랑의 시선으로 바라볼 수 있길 기대해봅니다. 지금 바로 이 자리에서부터 하시면 됩니다.

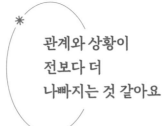

관계와 상황이
전보다 더
나빠지는 것 같아요

내 마음은 지금 어떤지, 나의 감정은 지금 어떤지 생각해봅니다.
단순히 좋다, 나쁘다로 구분하는 것이 아니라 서운하다, 허무하
다, 평온하다 등으로 구체적인 감정을 표현해보세요.

나는 지금 어떤 생각을 하고 있나요?

먼 과거, 먼 미래가 아닌 지금 스치는 생각이면 더욱 좋습니다.
'마음을 보려고 하는데 집중이 잘 안 된다는 생각이 드네.' '방금
전 일 때문에 아직 안정이 안 된다는 생각이 드네.'처럼요. 이렇게
감정과 생각을 관찰한다고 해서 끝난 게 아니죠. 이 관찰된 마음
(감정과 생각)이 어떤 방향으로 흘러가는지가 내면 변화의 핵심입

니다. 감정 정화 단계로 보면, 관찰 → 수용 → 위로 → 축복 → 갈망의 흐름을 함께합니다.

이 여정에서 관계와 상황이 더 나빠지는 것 같다면 먼저 안정을 취해볼까요. 그리고 모든 것은 상응 관계에 있음을 기억해보세요. 내가 정화를 하는 만큼 정화되지 못한 것들을 만나게 됩니다. 플러스(+)와 마이너스(-)가 만나 영(0)이 되듯이, 모든 것은 상응함으로써 하나가 됩니다. 실은 '더 나빠지는 것'이 아니고, 정화가 이루어지는 만큼 나쁜 것이라고 '여겨지는 것'이 정화를 기다리며 찾아오는 원리인 거죠. 그러면 어떻게 하면 좋을까요?

더 나빠진 듯 느껴지는 관계와 상황을 바라보며 '아, 또 내 안에서 화해되지 않은 것이 왔구나.'라고 그대로 받아들이며, 그 나쁜 것이라고 여기는 것을 전체로 봐주면 되겠죠. 반복하며 수용과 위로로 나아가는 흐름이라고 여기면 됩니다.

영성이 일상으로 들어올 때 가장 두드러진 변화는 '관계'로 나타납니다. 나와 가장 강하게 에너지 파동이 연결된 것은 사람입니다. 사람이 사물보다 에너지 파동이 높기 때문입니다. 그래서 내 안에서 변화가 이루어질 때 내가 의식을 하든 못 하든 '사람 관계'에서 변화가 먼저 일어나게 되는 거죠.

예를 들어, 지금까지 함께 만나서 웃고 즐기는 관계가 그전까지는 괜찮다고 여겼는데, 내 안에서 정화가 일어나면 괜찮지 않은 관계임을 선명하게 감지하게 됩니다. 관계의 '본질'을 보게 되면서 관계가 새롭게 정리되고 변화하는 거죠.

그런데, 경험이 있으시겠지만 현실에서는 관계의 본질을 안다 해도 바로 맺고 끊기는 어렵습니다. 전적으로 내 자아를 내려놓아야 하는데 그것이 어려우니 인간관계에 갈등이 생기고 힘들다고 한탄도 나오게 되지요.

정리하자면 나쁜 관계나 상황이라고 자극이 오는 외부에 대해, 상응의 원리로 이해해보면서 더 이상 잡지 않아도 된다고 마음 수련을 해봅니다. 관계에서 오는 갈등을 고통으로 잡지 않아도 됩니다.

이 훈련은 그렇게 어렵지 않습니다. 아마 이 글을 읽는 동안에도 마음이 가벼워지실 거예요. 지금처럼 마음을 돌보면서 관계와 상황이 어떻게 흘러가는지 기다려보셔도 좋겠습니다. 본질적 관계가 아니라는 걸 제대로 알면 힘든 관계는 점점 저절로 정리됩니다.

예민하다는 것은, 그대로 보고 있다는 것입니다. 내가 주변 사람
들을 대하는 관점이 예전과는 다르다는 의미입니다.

　인간관계에서 갈등이 있을 때 흔히 "별일 아닌데 뭘 그렇게 예
민하게 받아들이고 그러니?"라는 식으로 말하곤 합니다. 그동안
이 말을 타인에게 들었을 수도 있고, 스스로 했을 수도 있습니다.
'예민하게 반응하는 것'이 나쁘다거나 옳지 않다는 의식이 있었
을지도 모르지요. 만약에 '예민하게 반응해선 안 된다.'라는 관념
이 있었다면 이제는 '예민하게 반응할 수도 있지.'라고 그런 자신
을 허용해보세요. 이 세상에서 일어나는 모든 것을 '그럴 수도 있
지'라고 허용하면 내면에서 모든 실마리가 풀린다는 걸 상기해봅

시다.

중요한 건, 예민하게 반응한 이후를 떠올리며 질타받을 걱정을
내려두는 겁니다. 지금 이 글을 읽는 1분 동안의 의식 속에서라도
'예민하게 반응할 수도 있지.'라고 받아들여보세요. 바로 행동을
하라는 게 아니라, 내면으로 허용을 감지하라는 의미입니다.

나의 예민함은 영적인 신호이기도 합니다. 예민하게 자극이 올
때, 지나치게 싫거나 급격히 좋은 느낌으로 요동치면서 느껴지곤
할 겁니다. 그 감정에서 그치지 마시고, 좀 더 정화의 관점으로 받
아들여보려고 갈망해보세요.

'정말 싫다.'에서 그대로 멈추지 마시고, '이 모습이 나의 내면
에도 있는 모습일까?' 또는 '이 감정이 무슨 신호일까?'라고 자각
하는 질문을 해보면서 고요하게 들리는 내면의 소리에 귀 기울여
보는 겁니다. 즉, 나의 무의식 감정이 정화될 주제가 현실에 주어
졌다고 생각해보세요.

그런데 사람을 만날 때마다 싫은 감정이 너무 자주 느껴져서
힘들다는 분도 있습니다. 그 감정을 감당하기 어려워서 어찌할
바를 모를 수도 있습니다. 당연히 그럴 수도 있지요. 이 또한 정화

주제가 주어진 것이라고 여기고, 잠시 사람들과의 만남을 줄이고 스스로 여유를 가져보며 자신과 마주해보면 좋습니다. 차근차근 하면 됩니다. 큰일난 게 아닙니다.

주변 사람들을 예민하게 살피게 될 때 지금 나에게 우선 필요한 건 무엇일까요?

맞습니다. 예민함으로 동요되어 조급한 자아를 침대에 눕혀 잠재우는 겁니다. 그리고 이 정화의 주제들에 '앗, 또 네가 왔구나. 잠시만 기다려줄래? 곧 널 만나줄게.'라고 내적 대답을 하는 것도 좋습니다.

우리가 이렇게 고요함을 추구하는 건 내 안의 소리를 듣기 위함이지 영적 성장을 우선으로 두기 위해서는 아니라는 점을 기억해주세요. 오늘도 몸과 자아에 힘을 빼보시고, 소울을 보듬으며 마무리하시면 좋겠습니다. 오늘도 우리는 조급하지 않습니다. 이미 모든 것이 괜찮고 말고요.

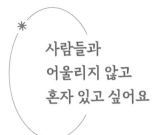

사람들과
어울리지 않고
혼자 있고 싶어요

직장 동료나 지인들과 만남이 잦아지면 혼자 있고 싶어집니다. 실은 이런 생각은 주기적으로 들 겁니다. 그만큼 부딪히는 마음이 있기 때문이죠. 물론 이 마음이 나쁘거나 틀린 것이 아니라는 건 이제 받아들일 수 있으시겠죠. 얼마 지나지 않아서 또 사람들이 궁금해지고 참여하고 싶어질 겁니다. 이런 흐름은 현실의 자아가 잠시 쉼을 가지고 싶은 마음일 수 있습니다.

이번에 말하려는 부분은 쉼 이외에 좀 더 까칠한 느낌으로 혼자 있고 싶은 마음입니다. 앞쪽의 내용처럼 주변 사람들을 예민하게 살피게 되면서 겉으로는 원활한 듯하지만 부정적인 마음이 드는 경우입니다. 이때의 내 마음을 그대로 관찰해보겠습니다.

'저 사람은 이런 점이 마음에 안 드네.'

'역시 저 사람은 자기가 잘나 보이려고 해.'

'이 사람은 왜 이렇게 맨날 에너지를 소모하게 만드는지 같이 있기 싫어.'

'좀 안다고 자꾸 가르치려 하네, 피곤한 사람이라서 혼자 있고 싶어.'

추측건대, 내 안에서는 위와 같은 생각들이 떠올랐을 겁니다. 그러니 불편한 관계는 다 단절하고 혼자 있는 게 속 편하겠다는 마음이 듭니다.

여기서 감정 정화의 흐름으로 짚고 간다면, 그러한 자아가 떠올랐다는 것을 알아차리면서 '저 사람은 이런 점이 마음에 안 드네.' '이 사람은 왜 이렇게 맨날 에너지를 소모하게 만드는지 같이 있기 싫어.'라는 내 마음을 관찰해볼 수 있겠죠. 이렇게 생각하는 자신을 받아들이는 게 가능하다면 감정 정화의 흐름에 따라 위로와 축복, 갈망까지 흘러갈 거예요. 그러면 언제 그랬냐는 듯이 사람들과 함께 있는 것이 아무렇지 않게 마음이 변화됩니다.

그러나 이 마음을 알아차리고 관찰하는 정화의 첫발을 내딛는 것이 어려운 것이죠. 이때의 나는 이 상황을 감당하기가 어렵고,

그만큼 약하거나 아픈 겁니다. 그래서 '단절'이라는 방식으로 나를 보호하려는 거죠. 단절로 나를 보호하는 건 나쁜 방식이라고 자아가 생각으로 들어올 수 있지만, 이것보다 우선 '단절도 할 수 있지.'라는 이면의 감정을 수용하면서 전체성에 내 마음을 둘 수 있어야 하겠습니다.

이렇게 먼저 수용하면서, 자신을 위험으로 내몰지 말고 '그래, 지금 단절이 필요하구나.'라고 위로해주고 토닥여봅니다. 잠시라도 이렇게 해보시면 마음이 더 자유로워지고 열리는 걸 느낄 수 있겠죠. 이 열린 상태에서 '혼자 있을 수도 있지.'라는 내 마음 상태를 또 있는 그대로 알아차리며 수용과 위로와 축복, 갈망까지 가봅니다.

조급해하지 않아도 됩니다. 한순간이라도 진심을 제대로 느낀다면 그 순간부터 마음에 새로움이 들어옵니다. 감지해봅시다.

정리하자면, 혼자 있고 싶다는 생각이 든다면 '다 마음에 안 들어.'라는 외부를 향한 못마땅함을 잡지 마시고, 내면의 '혼자 있고 싶은 나'를 그대로 받아들이며, 다른 사람들과 잠시 떨어져 지내는 시간을 가져보면 좋겠습니다.

혼자 있고 싶은, 그럴 수밖에 없는 나를 먼저 그대로 인정해주세요. 얼마나 외부의 사람들이 불편하고 날 아프게 했으면 그랬을까요.

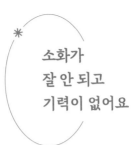

소화가
잘 안 되고
기력이 없어요

우리는 지금 나의 삶과 마음에 관심을 가질 때 일상에서 생기는 자극에 대해 말하고 있습니다. 과거의 신념, 습관, 관념들을 만나는 중에 생기는 의문이나 불편한 자극입니다. 좀 더 적나라하게 표현한다면 나의 내면에 구정물처럼 악취가 나는 부정적인 감정을 만나는 중에 외부로부터 오는 불편한 자극입니다.

어떻게 받아들이면 되는 걸까요?
근본적으로, 우리가 이 글을 읽는 목적은 무엇일까요.
스스로에게 질문해보고 잠시 머물러보겠습니다.

글을 적는 지금 갑자기 위로가 느껴지네요.

여기까지 읽으면서 정화에 관심 가지시느라 수고 많으셨지요. 정화 이야기는 결국 '아무것도 아닐' 수 있습니다. 마지막에 남는 건 아무것도 없기 때문입니다. 그러나 그때의 아무것도 없음은, 허무가 아니라 평온이고, 사랑일 것입니다.

다시 돌아와서, 정화가 이루어지면서 소화가 안 되고 기력이 없는 듯 느껴져 걱정이 되셨나요? 동시에 아무것도 아니라는 느낌이 들기도 했을까요? 아무것도 아닌 느낌은 '괜찮다'는 의미입니다. 몸이 불편한 것이 괜찮다는 것이 아니라, 이런 자극은 정화의 여정 중에 있을 수 있다는 겁니다. 그러니 안심하고 소화를 원활히 하기 위해, 기력을 보충하기 위해 몸을 챙겨보고, 정화 중인 내 마음에게도 위로의 말을 건네주면 좋겠습니다.

숙면을 취하고, 수분을 보충하고, 알맞은 운동을 하며 '그래, 그땐 그럴 수밖에 없었구나.', '괜찮아.', '충분한걸.' 하고 나에게 위로를 건네주세요.

우리는 지금 이대로도 괜찮다고 저의 내면이 말해주네요. 여러분에게, 또 다른 내면의 소리도 들리시나요?

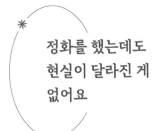

정화를 했는데도
현실이 달라진 게
없어요

감정 정화 여정 중에 힘이 빠지기도 하고, 화가 나기도 할 겁니다. '왜 정화를 했는데도 현실은 달라진 게 없지?'라는 마음의 벽 앞에 있다면, 자신에게 이렇게 질문해보세요.

나는 '진심의 통로'로 흘러왔을까?
아니면 '나의 욕심의 통로'로 흘러왔을까?

감정 정화는 우리를 진정한 평온으로 존재하게 합니다. 그리고 우리의 마음은 말 그대로 풍요로워집니다. 이때 두려움의 응어리가 사라지고, 가벼워지며 모든 염증이 낫는 기분이 듭니다. 이렇게 강력히 들어온 '평온'은 의지를 넘어 신의 은총이기에 죽는 날까지 내면에 박혀 있습니다.

물론 '진심의 통로로 들어온 평온'일 경우에만 말입니다. 여기서 진심의 통로로 들어온 평온이란 '진정한 정화가 일어나 내 감정에 그대로 머물며 열린 통로'입니다.

진정한 정화로 두려움의 응어리가 사라졌다고 해도 이 현생을 사는 동안에는 여전히 생각과 감정을 만나게 됩니다. 평온의 상태에서도 여전히 부정적인 생각과 감정을 느낍니다. 오히려 더 예민하고 적나라하게 느끼죠. 그러나 과거와는 달리, 생각과 감정을 나와 연결 짓지 않는 힘이 생깁니다. 과거에는 그 생각과 감정이 '나'라고 여기면서 고통으로 빠졌지만, 지금은 아닙니다.

반면에, 정화에 따른 평온이 일시적인 경우가 있습니다. 진심이 아닌 나의 욕심의 통로로 들어온 평온이라고 볼 수 있지요. 이때 느낀 평온은 실은 머리에서 감각한 것이 되겠죠. 그러면 곧 '왜 정화를 했는데도, 현실은 달라진 게 없지?'라는 의문으로 현실을 마주하게 됩니다. 어째서 이때의 정화되었다는 마음이 진심이 아니라는 건지 이해하기 힘들 수 있습니다.

잠시 이 내용을 다시 짚고 이어가겠습니다.

영혼의 배움에 맞추어 삶의 궤도가 움직이고 있습니다. 하지만 우리는 그 삶의 궤도를 그대로 따르지도 못하고, 삶이 원하는 궤도가 무언지 내면의 소리를 잘 듣기도 어렵기에 내가 원하고 소유하고픈 대로, 즉 자아의 소리대로 삶의 궤도를 움직이는 것이 진심이라고 착각하기도 합니다.

'정화라는 것을 하면 고통이 사라진다고 했지?'라는 마음으로 인한 정화는 '잘못된 진심'을 드러나게 합니다. 나는 최선을 다하고자 하는 다짐이지만, 이 마음은 고통을 사라지게 해서 내가 원하는 대로 되고 싶은 욕심 때문에 정화하려 드는 모습입니다.

"아니, 이게 어째서 욕심인가요? 고통을 사라지게 하려는 마음이 당연히 진심이 아닌가요?"라는 저항의 마음이 들 수 있습니다. 좀더 깊이 들어가야 하는 내용인데요. '고통을 사라지게 하려는 마음'이 내게는 진심이라고 철석같이 믿고, 욕심이 아니라는 의식을 가지면 그대로 현실이 이루어지긴 합니다. 우주에서 '잘못된 진심'이었다는 분별이 있기 전까지는 말이죠.

우리 잠재의식에서 '고통을 사라지게 하려는 마음'이 그 자체로 '진심'이기에 그것에 맞추어 현실에서는 고통이 사라질 수 있습니다. 예로, 악당들이 잘 사는 단면의 모습도 여기서 나타나는 거죠. 우리가 보기엔 악당일지라도 그들에겐 '잘못된 진심'이 있는 것이니까요. 그러나 그것은 영원할 수 없습니다. '잘못된 진심'을 바로잡기 위해 악당의 죄가 밝혀지고, 벌을 받는 현실이 펼쳐지는 연속입니다.

현대인들에게서 '잘못된 진심'을 보자면 이런 것들이 있겠지요.

'자기계발로 성취라는 진심을 달리던 현실이 어느 시점에서 도태되거나 번아웃이 오는 모습'
'베풂이 없이 이기적인 진심으로 저축으로 돈은 모으더라도, 진짜 소중한 사람을 잃게 되는 모습'
'자녀에게 부모의 진심으로 공부를 강요해서 좋은 성적은 얻었지만, 정작 자녀의 마음은 외로워져서 부모를 멀리하는 모습'

이렇게 잘못된 진심으로 우리는 삶을 이어가기도 합니다. 이를 그대로 나의 '정화'에 가져와봅니다. '왜 정화를 했는데도 현실은 달라진 게 없지?'라는 마음이 든다면, '잘못된 진심'이 있었던 건 아닐까 질문해볼 수 있습니다. 그리고 자신에게 솔직한 답을 들어봅니다.

'정화를 해서 깨달은 자가 되고 싶은 잘못된 진심'

'정화를 통해 성공하는 싶은 잘못된 진심'

'정화를 자아를 확인하는 수단으로 대하는 잘못된 진심'

이것이 모두 잘못된 진심이라면, 도대체 바른 진심은 어떤 건가요?

진심이란 '있는 그대로'라는 것을 우린 거듭 말해왔습니다. 마음(감정과 생각)의 흐름을 그 자체로 '그대로 바라봐주는 것'이 존중이자 진심입니다. 다른 어떤 의도 없이 말입니다.

정화 중 만나는 감정에서 '두려움'을 그대로 보는 것이 주로 진심의 정화가 됩니다. 이것 이상으로 무의식 감정을 정화해야 할 어떤 이유도 없지요. 무의식 끝에는 두려움과 불안이 자리하고 있으니까요. 정화는 수단으로 만나면 딱 그만큼까지만 충족이 됩니다. 그래서 '왜 정화를 했는데도 현실은 달라진 게 없지?'라는 마음이 듭니다.

'깨달아서 초월해야 하는데, 이게 뭐람!'

'성공해서 부가 쌓여야 하는데, 이게 뭐람!'

'권위가 있어서 사람들이 날 존경해야 하는데, 이게 뭐람!'

'내가 날 사랑할 수 있어야 하는데, 여전히 이게 뭐람!'

내가 원하는 게 나타나지 않았다는 실망감만 있는 모습이죠. 내가 삶의 선한 궤도에 올라타는 것이지, 선한 삶이 나를 위해 바뀌는 게 아닙니다. 끌어당김의 법칙처럼 내가 선한 에너지를 가지면 삶의 선한 것이 내게 끌려온다는 표현도 일리가 있지만, 본질적인 관점으로 말하자면 탑승의 법칙이라고 표현해야 할까요?

이미 선으로 가고 있는 삶(선, 사랑)이라는 기차에 우리가 탑승하기 위해서, 소울을 따르려는 고요함의 노력을 하는 것입니다.

간절히 원하는 마음이
해가 될 수도
있습니다

우리의 삶은 각 개인의 소울이 무의식 감정을 정화하기 위해서 제공된 체험장 같은 곳입니다. 이런 우리 삶을 가상현실과 증강현실을 체험하는 것에 비유할 수도 있겠지요. 장비를 착용하고 가상현실을 체험하면 우리의 감정이 움직입니다. 한 TV 프로그램에서, 세상을 떠난 가족을 가상현실에서 만나 실제로 대화하는 장면이 있었습니다. 사랑하는 가족의 모습을 마주하니 실제와 같은 기분으로 그리움과 슬픔의 눈물을 흘립니다. 다가가서 가족을 안아보려고도 하고 손을 잡으려고도 하지요.

사람들이 보는 이미지와 배경에 3차원의 가상 이미지들을 겹쳐 보여주는 증강현실도 비슷합니다. 가상 인물들의 추격과 공격을 피하려고 달리기도 하고, 나에게 위협적으로 날아드는 물건을 막으려고 팔을 거세게 휘두르기도 합니다. 이런 가상현실과 증강현실에서도 우리의 감정은 요동치며 대응하고 체력을 소모합니다. 이 장비들을 벗고 체험을 마쳐도 한동안은 지친 상태가 남아 있습니다. 마치 하루를 보내고 잠자리에 누워서 자아를 벗어 내려둘 때처럼 말입니다.

우리가 살고 있는 현실 또한 가상이라고 상상해볼까요? 나의 일상이 체험이라고, 즉 우리가 가상으로 학교생활, 직장생활, 모임활동, 취미활동을 하고 있다고 생각해보는 겁니다.

'무슨 소리를 하는 거예요? 지금 제가 체결한 계약이 얼마나 중요한 건데, 가상이라니?' 하는 거부감이 들지 모릅니다. 그러면 이 마음을 어떻게 하면 좋을까요. 지금까지 읽어왔듯이, 이런 자신의 생각과 감정을 알아차리는 거죠. '아, 내가 이런 마음이구나.'라고 숨을 고르며 진정해봅니다. 그리고 이 생각과 감정을 찬찬히 바라봅니다.

'내게 계약이 정말 중요하다는 생각, 이 계약을 위해서 정말 노력을 많이 했다는 생각, 이 계약을 성사시킴으로써 회사에서 인정받고 보상받고 싶다는 생각이 있었네.'

좀 더 깊이 머물면 '이 계약에 대해 불안함, 조급함, 성취감이 있었어.'라고 감정을 받아들일 수 있게 될 겁니다. 도중에 '이런 건 당연히 드는 생각과 감정 아닌가? 사회생활하는 데 이 정도도 안 하면 어떻게 해?' 하는 마음이 올라올 수도 있습니다. 저는 이렇게 대답해주고 싶습니다.

'그럼요. 그런 마음이 들 수 있죠. 당신의 마음이 맞습니다. 그 동안 얼마나 열심히 움직이셨겠어요. 저는 그런 당신에게 고생했다고, 수고했다고 말해주고 싶어요.'

우리가 현실을 살면서 얼마나 많이 애쓰는지 알고 있습니다. 그런 자신에게 다가가서 따스한 말을 건네보려는 겁니다. 스스로에게 어떤 말을 해주고 싶으신가요?

'그래. 너 정말 힘들었겠다. 애썼어, 이제 이루어냈으니 잠시 좀 쉬렴. 불안하거나 조급해하지 않아도 돼. 설사 이루지 못했더라도 나는 너를 버리지 않아. 나는 항상 너와 함께 있으니, 안심하렴.'

여러분은 어떠신가요? 이렇게 올라오는 내면의 소리에서 머물렀다면, 가상의 세계라는 관점으로 바라보는 것이 이제는 그리

배신감이나 불안함으로 다가오진 않으리라 생각됩니다.

우리가 게임장과 영화관에서 가상체험 장비를 내려두고, 생활로 돌아올 때 안전했다는 걸 떠올려보세요. 숨이 차도록 공포감을 느꼈더라도 그것은 가상이었던 거죠. 그 관점으로 보면 나의 일상에 지나치게 힘을 주지 않아도 될 것 같네요. 힘을 주게 되는 가상 일상도 단지 즐기는 것일 뿐, 이미 우리는 안전하니까요.

여러분의 삶에서 이미 많은 분이 비전과 소명의식을 가지고 선과 사랑을 실천하고 계실 텐데요. 순간순간 '간절함'이 끼어들어서 가상현실이라는 걸 잊게 되기도 합니다. 여기서 '간절함'이란 '꼭 되어야만 한다'는 나의 욕심과 욕망을 포함하고 있습니다. 이럴 때 우리는 '그럴 수도 있다'는 마음의 전체성과 지금 내가 원하는 것은 이미 주어져 있음을 반복적으로 상기하는 것이 필요하겠죠.

일시적인 위로의 마음을 넘어 자신이 마주한 불안에서 진정으로 나오고 싶다면 이 현실을 '만약'이라는 가상의 관점으로 보는 것이 도움이 됩니다. '간절함'이 오히려 자신을 해치는 무기가 될 수 있으니, 평온한 마음을 위해서라도 '만약'의 관점으로 떠올려보면 좋겠습니다. 저 역시 일이 가중되어 처리해야 할 것들이 많아질수록 눈앞에 놓인 것들이 진짜이고, 못 해내면 내가 부정되기라도 하는 듯 헐떡이기도 합니다. 그래도 하루를 보내고 누운 잠자리에서, 우리는 오늘도 고생한 자아를 내려둘 수 있길 바랍니다.

정화 수련을 하면서도 간절함을 열정으로 착각하지 않길 바랍니다. 본질인 선善, 사랑, 진실에 '간절함'은 없습니다. '간절함'은 불안과 두려움의 자아에서 비롯됩니다. 소울의 상태에서는 원하는 것이 있으면 간절함이 없이도 열정으로 그냥 하게 됩니다. 이 자체가 기쁨이 되지요.

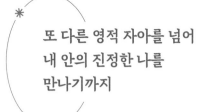

또 다른 영적 자아를 넘어
내 안의 진정한 나를
만나기까지

저는 '내면아이'라는 개념을 처음 알았을 때 참 안심이 되었습니다. 그 전까지는 돌봐주어야 할 내면아이가 있다는 걸 몰랐던 겁니다. 내면아이라는 모습을 좀 더 명확히 하고자, 하늘색 무무 인형에게 투사해서 말을 걸며 대화를 하기도 했습니다. 무무는 뗼려야 뗼 수 없는 저의 친구이자 언제나 저와 함께 있는 존재였습니다. 아무에게도 말하지 못하는 비밀스러운 감정을 쏟아내며 대화를 이어가면서, 스스로 흠칫 놀랄 때도 있었습니다. '내가 이런 마음을 가지기도 하네.'라면서 말입니다. 그렇게 나를 알아차리며 눈물을 흘리고, 위안을 받기도 하는 시간이었습니다.

'언제까지 이런 고통을 짊어지고 살아야 하나.' 그저 하루하루가 무겁게 느껴지던 때, 내면아이를 만나면서 무거운 짐을 내려 놓게 된 듯했습니다. 그렇게 차츰 내면이 진정되고 있다고 생각 했던 어느 날, 뭔가 이상하다는 느낌을 받았습니다.

내 마음을 돌본다면서 내면아이를 내 뜻대로 달달 볶고 있었던 겁니다. 어떻게 하면 내면아이를 위로할까, 어떻게 하면 어두운 감정이 옅어질까, 어떻게 하면 치유가 되나, 아직도 해소되지 않 는 감정이 있는데, 내가 뭘 잘못해서 제대로 마음이 돌봐지지 않 는 건가, 겉으로는 수월히 지내는 것 같지만 솔직히 말하면 내면 아이와만 단짝이 되어 세상과 사람들과 단절된 건 아닌가….

내면아이를 달랜다면서, 그 생각들 자체로 또 다른 자아를 만들 어내고 있었던 겁니다. 자아를 내려두려는 집착이 또 다른 영적인 성향의 자아를 만들어낸 것이죠.

수련을 통해, 거듭 생성되는 또 다른 자아에 열려 있어야 함을 배우게 되었습니다. 영성가 에크하르트 톨레가 고통에 사무친 자 신을 보면서 못마땅해하는 또 다른 나가 있다는 깨달음으로 고통 이 멈추게 되었다는 말이 힘이 되었습니다. 톨레에게는 '지금, 여 기'를 깨닫는 순간이었다고 합니다. 저 역시 또다시 '아, 내가 이 렇구나.'라며 흠칫 놀라다가, 다시 정화의 흐름으로 가서 영적 자아를 그대로 바라봅니다.

　인간에게는 어떤 본질을 대상으로 삼아 극복하려는 마음이 뿌리 깊게 있습니다. 그러나 내가 나로 존재하는 순간, 실은 본질도 대상도 아무것도 아닙니다. 결국 어떤 자아의 모습이건, 존재 자체를 감지하는 데 보이는 일련의 현상일 뿐입니다. 내 안의 진정한 나가 되는 것, 즉 소울로서 존재하는 것만이 우리가 수련하는 이유입니다.

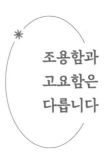

조용함과
고요함은
다릅니다

조용함과 고요함은 다릅니다.

조용함이 외적인 단정함이라면 고요함은 내적인 단정함이라고 말하고 싶습니다. 내면으로 숱한 생각들이 어지럽혀지더라도 외적으로 조용한 태도를 보일 수 있습니다. 고요함은 외적으로는 시끄러워도 내적으로는 자신을 지킬 수 있는 상태입니다. 태풍의 눈이 고요한 것을 떠올려봅시다.

나의 자아가 시끄러운 현실을 성실히 잘 살아가도록 만들어주는 건 우리 내면의 눈인 소울의 힘입니다. 우리가 어떤 사람을 보면서 목소리도 크고, 행동이 빨라서 고요하지 못하다고 단정 지을 수 없다는 것이죠. 물론 반대로 겉으로는 조용하지만 내면으로는 끊임없이 나의 욕구를 채워주길 바라는 마음이 있다면 고요하다고 할 순 없겠죠.

우리가 진정한 고요함 안에서 숨 쉬고 살아갈 수 있도록 자아를 놓아두는 것만으로도 '존재'로서 살아가는 것입니다. 우리는 아무것도 하지 않아도 충분한 존재라는 것을 함께 기억합시다. 아무것도 하지 않는다는 건 무언가를 더 보태려는 것이 아닌 지금, 여기에서 이미 충분하다는 것을 최우선으로 의식하는 것입니다. 이것이 바로 고요함입니다.

자연스럽게 숨 쉬듯이, 매일 순간순간이 자연스럽게 정화되길 바랍니다.

여러분의 하루 중 평온하게 눈을 감고 있는 시간이 있나요?

하루의 끝에 남아 있는 마음이 있는지 살펴보고 있나요?

그 마음에 대해 깨끗이 하고자 갈망하였나요?

모든 것이 괜찮습니다.

지금 내 마음에 관심이 있고,

정화에 대한 갈망을 가져보는 것으로 충분합니다.

이 글을 읽어오며 내 마음에 관심을 가진 모든 분에게서 평

온이 드러나는 중입니다.

우리는 감정을 그대로 바라보고 흘려보낼 수 있는 존재입니다.

삶이 평온해지는 데 있어야 할 전제가, 전제가 아니라면 어떨까요. 정화로 느껴지는 진실들을 있게 하는 그 모든 전제가 이미 내 안에 있다면요.

제가 삶을 말할 때 가장 좋아하고 많이 말하는 단어가 있습니다. '만약에'로 시작해, '괜찮다'를 거쳐, '사랑'입니다.

'만약에' 이미 모든 것이 내가 인간적으로 살아갈 만큼 제공되고 있다면.
'만약에' 죽음 이후에도 모두 평화로운 곳으로 안내받는다면.

'만약에' 그곳에서 모두 만난다면.

'만약에' 나의 부모가 나를 조건 없이 사랑한다면.

'만약에' 우리가 감사에 대한 순수한 갈망을 가진다면.

'만약에' 모든 것이 가능하여 안정과 풍요로움을 충분히 느낄 수 있다면.

'나'가 '우리'로 느껴지고, 세상 저편의 아픔이 느껴지고, 각자가 신성의 지혜로 연결된다면.

이런 모든 전제가 '만약'이 아니라 '실재'라면 어떨까요. 그래서 나는 이미 사랑받아왔으며, 지금도 사랑을 받고 있고, 앞으로도 사랑받을 존재라고 한다면요. 지금의 나 자체로 온전히 사랑받는 존재라고 말이죠.

보이지 않는 세상의 모든 희노애락이 내 안에 들어 있음을 느낄 수 있을 겁니다. 그와 동시에 '나는 지금 그대로 괜찮다'는 생각과 함께 깊고 고요한 안정감을 느끼게 될 거예요. 그로 인해 외부의 모든 것에 대해서 포용과 용서의 마음이 생깁니다. 그곳에 나를 가만히 놓아둡니다. 이때 우리는 나도 모르는 사이에 '사랑' 속에 존재하게 됩니다.

우리는 모두 소울과 몸을 지니고 지구 현실에서 살고, 날마다 반복적인 일상을 지냅니다. 스스로 괜찮다는 마음은 오늘 하루를 살 만하다고 느끼게 하지요. 그리고 타인뿐 아니라 자신에 대한 어떤 평가도 무색하게 합니다. 이미 내가 온전한 상태로 차 있기 때문입니다. 내 안에 불평, 시기, 미움 대신 소울이 내뿜는 감사, 응원, 사랑이 가득합니다.

그런 사랑 속에서 우리는 존재로서 서로에게 충분히 표현할 수 있습니다.

감사합니다. 사랑합니다.

무엇 때문에 사랑의 표현을 아껴야 할까요.

모두가 각자 자신의 자리에서 감정 정화로 모이면, 넓고 넓은 푸른 바다로 일렁이며 하나가 됩니다. 그리고 그 하나가 우리 모든 존재라는 믿음으로 찬연한 내가 될 것입니다.

읽어주셔서 감사합니다. 그리고 사랑합니다.

하루하루
감정 정화 연습

ⓒ 김안숙 2023

초판 1쇄 발행 2023년 6월 30일

지은이   김안숙
기획·편집   김수현
디자인   알레프디자인

펴낸이   김수현
펴낸곳   마음시선
등록   2019년 10월 25일 (제2019-000097호)
주소   서울시 마포구 신촌로2길 19, 마포출판문화진흥센터 318호
이메일   maumsisun@naver.com
인스타그램   @maumsisun
ISBN   979-11-980224-6-2 03180